Vägen Till Seger
-
En Idrottares Inre Resa

av

Henrik Engvall

Förlag: BoD · Books on Demand, Östermalmstorg 1,
114 42 Stockholm, bod@bod.se
Tryck: Libri Plureos GmbH, Friedensallee 273,
22763 Hamburg, Tyskland
ISBN: 978-91-8080-065-5

Tack

Tack till dig som har valt att läsa den här boken. Din vilja att bli bättre och din strävan efter mästerskap är det som driver både idrott och personlig utveckling framåt. Det är tack vare personer som du – som vågar utforska både styrka och sårbarhet – som idrottens värld fortsätter att växa och inspirera.

Jag hoppas att den här boken kan vara ett stöd på din resa och ge dig inspiration på vägen mot dina mål och drömmar.

Tack för att du vill utvecklas och tack för att du fortsätter att kämpa!

Innehållsförteckning

Inledning

Idrotten fascinerar och utmanar oss på sätt som få andra områden av livet kan. Den erbjuder en arena där vi kan mäta våra fysiska och mentala förmågor, där vi tävlar, övervinner och når nya höjder. Men bortom den yttre kampen på planen eller banan, finns det en annan kamp – den inre kampen med frågor som inte alltid har enkla svar. Frågor som väcker reflektion, som kan leda oss in i labyrinter av paradox och komplexitet, där det inte alltid finns en tydlig väg framåt.

Denna bok är en inbjudan att utforska dessa frågor, dessa paradoxer som gör idrotten både djup och mångfacetterad. Här kommer vi att ställa frågor som inte nödvändigtvis har ett enda korrekt svar, utan där svaret kan vara olika för varje individ, beroende på deras unika perspektiv, erfarenheter och mål.

Boken är inte en handbok i hur man blir en bättre idrottare i traditionell mening. Istället är den en guide för att öppna upp ditt sinne för de frågor som ligger bakom ytan av prestation och tävling. Genom att börja reflektera över dessa frågor kan du utveckla en djupare förståelse för din egen idrottskarriär, din motivation och dina mål. Och genom denna förståelse kan du upptäcka nya vägar att växa, inte bara som idrottare, utan också som människa.

Varje kapitel utmanar dig att tänka, att ifrågasätta och att utforska. Svaren du finner kanske inte alltid är de du förväntar dig, och ibland kanske du upptäcker att vissa frågor inte har några slutgiltiga svar alls. Men det är just i denna utforskning som vi kan finna den sanna meningen med idrott –

inte bara i att vinna eller förlora, utan i att förstå och utveckla oss själva på djupet.

Välkommen till en resa genom idrottens mest komplexa och fascinerande frågor, en resa som kanske inte ger dig alla svar, men som förhoppningsvis öppnar upp för nya insikter och en djupare förståelse av vad det innebär att vara idrottare.

Vad Innebär Det Att Vinna?

Vinna. Ordet är laddat med kraft, ambition och förväntningar. Det framkallar bilder av triumf, av att stå på toppen, av att vara bäst. Men vad innebär det egentligen att vinna? Är det enbart en fråga om att vara först över mållinjen, att få högsta poäng, att erövra ett pris? Eller kan "vinna" betyda något djupare, något mer komplext och mångfacetterat? I detta inledande kapitel ska vi utforska vad det innebär att vinna, vilka olika former av seger som finns, och om det alltid är resultatet som definierar en vinnare.

Traditionellt sett förknippas att vinna med yttre prestationer. Det är en objektiv realitet, något som kan mätas, kvantifieras och jämföras. Du har antingen vunnit eller förlorat, och världen tenderar att belöna vinnarna med ära, erkännande och belöningar. Men denna yttre aspekt av att vinna är bara en del av hela bilden.

Yttre vinster är de som är synliga och lätt igenkännliga. De handlar om att uppnå specifika mål, att överträffa andra, att få ett konkret resultat som bekräftar ens framgång. Inom idrotten handlar det om att vara snabbast, starkast, eller mest skicklig. I arbetslivet kan det handla om att få den främsta positionen eller att nå högsta försäljningssiffrorna. Dessa yttre vinster är påtagliga, men de är också ofta flyktiga och beroende av yttre omständigheter.

Inre vinster är subtilare, men kanske ännu viktigare. De handlar om personlig tillväxt, om att övervinna sina egna begränsningar, om att känna sig tillfreds med sin insats oavsett vad utfallet blir. Den inre vinsten kan upplevas när vi känner att vi har gett vårt bästa, när vi har lärt oss något nytt eller när vi har övervunnit en utmaning som tidigare verkade omöjlig. Denna typ av vinst handlar om att vinna över sig själv, snarare än över andra.

Att vinna kan även betyda olika saker för olika människor i olika situationer. Det kan vara en individuell upplevelse, där det viktiga är vad vinsten betyder för den enskilde, eller en kollektiv upplevelse, där vinsten delas och firas av en grupp. Att vinna kan också innebära olika saker beroende på vad vi värderar och hur vi ser på framgång.

I en traditionell tävlingsmiljö handlar vinsten ofta om att besegra andra, att vara bäst i en jämförelse. Men vinster kan också uppstå genom samarbete, där målet är att alla parter drar nytta av situationen och ingen förlorar. Detta är en vinst där framgång mäts i termer av gemenskap, förståelse och ömsesidig respekt.

Vinster kan vara kortvariga och omedelbara, som att vinna en match eller nå ett specifikt mål. Men de kan också vara långsiktiga och hållbara, som att bygga upp en stark karaktär, en framgångsrik karriär eller ett lyckligt liv. Långsiktiga vinster kräver ofta tålamod, uthållighet och en vilja att investera i framtiden, snarare än att söka omedelbar tillfredsställelse.

För vissa är den största vinsten att uppnå personliga mål och drömmar, att förverkliga sin potential och leva enligt sina egna värderingar. För andra handlar vinsten om att bidra till andras framgång, att hjälpa ett lag eller en grupp att nå sitt fulla potential. Båda typerna av vinster är värdefulla, men de representerar olika perspektiv på vad framgång innebär.

Medan mycket av samhället och kulturen betonar vikten av att vinna, kan det vara värdefullt att reflektera över om det alltid är nödvändigt eller önskvärt att sträva efter att vinna. Vad händer om vi omformulerar vår syn på vad det innebär att vinna?

Ibland kan den största vinsten vara att ge upp sin egen strävan efter att vinna, för att låta någon annan få chansen att glänsa. Detta kan vara särskilt sant i situationer där vinsten för en annan kan ha en större positiv inverkan än för en själv. Detta kräver en djupare förståelse för värdet av ödmjukhet, generositet och empati.

Kanske den mest värdefulla vinsten är den vi uppnår genom lärande. Att vinna en tävling är en prestation, men att lära av den – oavsett om vi vann eller förlorade – är en djupare form av framgång. Varje upplevelse, varje utmaning, varje motgång kan ses som en möjlighet att vinna i kunskap, visdom och självinsikt.

Att vinna är mer än att bara vara bäst, snabbast eller starkast. Det är en mångfacetterad och komplex upplevelse som kan anta många former och betydelser. För vissa är vinsten ett yttre mål att sträva efter, medan den för andra är en inre resa mot självförverkligande och personlig tillväxt. Genom att reflektera över vad det innebär att vinna, kan vi börja förstå att det finns många sätt att vinna på, och att verklig framgång kanske inte alltid mäts i termer av troféer och medaljer, utan i termer av den människa vi blir på vägen.

Fråga dig själv: Vad betyder det för mig att vinna? Är det att nå ett specifikt mål, att överträffa andra, eller att växa och lära som människa? Genom att reflektera över dessa frågor, kan du börja forma en djupare förståelse för vad framgång verkligen innebär, och vad det betyder att vinna – inte bara i spelets eller livets ögonblick, utan i en bredare, mer meningsfull kontext.

Plats för dina tankar: Använd denna sida för att skriva dina egna tankar, insikter eller frågor kapitlet väckt.

När Drömmen Blir Verklighet - Att Tävla Mot Sina Idoler

Föreställ dig en ung idrottare, full av drömmar och ambitioner. Varje gång han eller hon ser sina idoler på TV eller i verkligheten, tänds en gnista av inspiration: "En dag ska jag vara där, på deras nivå." För många idrottare är detta en drivkraft som följer dem genom hela deras resa. Men vad händer när den dagen faktiskt kommer? När drömmen blir verklighet och du inte längre bara beundrar dina idoler på avstånd utan möter dem som jämlike, kanske till och med som rival?

När vi når den punkt där vi faktiskt står öga mot öga med våra idoler, uppstår en unik känslomässig mix av stolthet och ödmjukhet. På ena sidan finns känslan av triumf – att du faktiskt har tagit dig hit. Alla de år av hårt arbete, uppoffringar och envishet har burit frukt. Men samtidigt kan det finnas en känsla av förundran: "Hur hamnade jag här? Hur är det möjligt att jag, som en gång såg upp till denna person som en ouppnåelig stjärna, nu står redo att tävla mot dem?"

Vilka frågor dyker upp i ditt sinne? Kan du fortsätta se denna person som en idol, eller blir de nu bara en motståndare? Och hur påverkar denna förändrade relation din inställning och prestation? Kanske inser du att medan du har nått deras nivå tekniskt och fysiskt, finns det fortfarande mycket att lära av deras erfarenhet och visdom. Eller kanske upptäcker du att gapet mellan er inte är så stort som du en gång trodde.

Att tävla mot någon du alltid har sett upp till kan vara en psykologiskt komplicerad situation. Tidigare var de symbolen för vad du strävade efter, nu är de någon du måste överträffa. Hur balanserar du respekten för deras prestationer med din egen önskan att vinna? Detta kan skapa en inre konflikt: Ska du fortfarande se dem som en inspirationskälla, eller måste du mentalt distansera dig från den beundran för att kunna tävla utan att känna dig underlägsen?

Detta väcker frågor om identitet och konkurrens. Kan du behålla din integritet och respekt för dem samtidigt som du strävar efter att slå dem? Hur hanterar du pressen att prestera när din egen idol står på andra sidan? Att övervinna denna mentala barriär kan vara en av de största utmaningarna – att inse att även de mest beundransvärda förebilder är människor precis som du, med samma styrkor och svagheter.

På vägen till toppen är det ofta våra idoler som visar oss vad som är möjligt. De sätter standarden för vad vi tror att vi kan uppnå. Men när vi väl står på samma nivå, skiftar dynamiken från lärande till utmaning. Du har lärt av dem genom åren, men nu måste du bevisa för dig själv att du är värdig att vara där. Är det en skrämmande tanke, eller ger det dig en extra gnista av motivation?

Det är i dessa ögonblick som vi tvingas reflektera över vår egen utveckling och vad vi verkligen strävar efter. Är målet att överträffa våra idoler, eller handlar det om att visa att vi förtjänar att stå på samma scen? Kanske handlar det inte om att vinna över dem, utan om att bekräfta för dig själv att du har uppnått något stort – att din dröm som barn nu är en levande verklighet. Men vad händer när du möter den drömmen ansikte mot ansikte? Kommer det att kännas som du föreställde dig, eller kommer du att inse att resan dit var den verkliga vinsten?

En avgörande del av att möta sina idoler som konkurrent är att inse att tiden nu är inne för att släppa idolbilden. Det är nu du som har chansen att bli den idol som nästa generation ser upp till. Men detta kräver ett mentalt skifte – att sluta se dig själv som den som beundrar och istället ta på dig rollen som en jämlik eller till och med en förebild.

Det väcker frågor om vad du vill representera i ditt eget idrottsliv. Vilka värderingar vill du att andra ska se i dig? Kommer du att hålla fast vid samma ideal som dina idoler, eller vill du skapa din egen unika väg? I detta ögonblick av övergång från lärling till mästare kan du omvärdera vad framgång verkligen betyder för dig. Är det att vinna, eller att leva upp till de ideal och värderingar som ledde dig hit?

Att möta sina idoler i en tävling är ett möte mellan dröm och verklighet, mellan beundran och konkurrens. Det är en stund där du inte bara konfronterar dem du en gång såg upp till, utan också dig själv och vad du har blivit på vägen. Denna resa handlar inte bara om att nå en specifik plats, utan om att växa som individ och idrottare.

Fundera på: Vad händer när drömmen blir verklighet? Kan du omfamna den nya verkligheten och fortsätta växa, eller håller du fast vid gamla ideal som inte längre tjänar dig? Och när du står där, redo att tävla mot de du en gång beundrade, kan du se dig själv som jämlik, värdig att stå på samma nivå? Denna resa är inte bara en fysisk prestation, utan en djupare inre resa som formar vem du är och vad du strävar efter.

Plats för dina tankar: Använd denna sida för att skriva dina egna tankar, insikter eller frågor kapitlet väckt.

Talang vs Hård Arbete – Vad Väger Tyngst på Vägen till Framgång?

Inom idrottens värld diskuteras ofta vad som verkligen krävs för att nå toppen: är det medfödd talang eller hårt arbete som gör den största skillnaden? Det finns ett uttryck som säger: "Hard work beats talent when talent doesn't work hard enough." Men hur mycket sanning ligger egentligen i det? Kan en outtröttlig arbetsmoral verkligen övertrumfa medfödd begåvning, och vad händer när dessa två krafter möts? Denna reflektion utforskar de filosofiska frågorna kring talang och hårt arbete och utmanar oss att fundera över vilken av dessa faktorer som verkligen är avgörande för långvarig framgång.

Talang är ofta ett laddat begrepp, ett ord som ger upphov till både beundran och avund. Men vad innebär talang egentligen? Är det en medfödd förmåga som vissa människor helt enkelt föds med, eller är det en samling förutsättningar som kan utvecklas och förfinas över tid? Inom idrotten brukar talang definieras som en naturlig fallenhet för en specifik sport – vare sig det handlar om snabbhet, styrka, koordinationsförmåga eller en intuitiv känsla för spelets dynamik. Men är denna medfödda potential tillräcklig för att nå den yttersta eliten, eller krävs det något mer?

Medan talang onekligen kan ge en fördel, särskilt i tidiga skeden av en idrottskarriär, är det inte en garanti för framgång. Många talangfulla idrottare upplever att deras förmågor tar dem en bit på vägen, men utan en stark arbetsmoral kan deras utveckling stanna av. Kan det vara så att talang ibland blir en fälla, där idrottare som tidigt får höra att de är "begåvade" blir självgoda och försummar det hårda arbetet?

Vi måste också fråga oss: Vad händer när talang möter motgång? När en idrottare som alltid förlitat sig på sin naturliga förmåga plötsligt stöter på hinder som kräver mer än bara rå talang, kan de då hitta den inre styrkan och disciplinen som krävs för att övervinna utmaningarna? Eller riskerar de att bli avskräckta och tappa motivationen? Här ser vi hur viktigt det är att kombinera talang med en stark arbetsmoral och uthållighet för att verkligen kunna nå toppen.

Om vi vänder blicken mot de idrottare som har nått den yttersta eliten, ser vi ett gemensamt drag hos dem alla: en kompromisslös arbetsmoral. Hårt arbete, kontinuerlig träning och en vilja att ständigt förbättra sig är ofta det som särskiljer de bra från de bästa. Även de utan särskilda förutsättningar eller medfödd talang kan genom disciplin, fokus och en vilja att lära sig och utvecklas nå längre än de som enbart förlitar sig på sin medfödda förmåga.

Men vad är det med hårt arbete som gör det så kraftfullt? Handlar det om att bygga upp färdigheter över tid, eller är det kanske själva processen av uthållighet och motståndskraft som i sig skapar framgång? Kan det vara så att de utmaningar och motgångar som hårt arbete innebär skapar en inre styrka som inte kan uppnås genom talang ensam?

När vi överväger vikten av både talang och hårt arbete måste vi också fråga oss: Kan den sanna storheten endast uppnås genom en kombination av dessa faktorer? Om vi har naturlig talang, är det då vår plikt att förädla och maximera denna genom ett obevekligt engagemang för att träna och förbättra oss? Och om vi saknar den medfödda förmågan, kan vi då kompensera för detta genom att arbeta ännu hårdare och vara mer disciplinerade än våra konkurrenter?

Men hur balanserar man dessa två faktorer? Kan vi lära oss att uppskatta och värdesätta både den medfödda potentialen och de ansträngningar som krävs för att fullända den? Och hur kan vi, som idrottare eller i våra personliga liv, reflektera över vår egen position: Har vi rätt balans mellan talang och hårt arbete, eller lutar vi för mycket åt det ena eller det andra?

Frågan om talang kontra hårt arbete är långt ifrån enkel, men kanske är den verkliga lärdomen att förstå att båda har sina plats i ekvationen för framgång. Det är inte en fråga om antingen eller, utan snarare hur dessa två faktorer samverkar. För att verkligen nå sin fulla potential krävs det både att man drar nytta av de talanger man har och att man är villig att lägga ner det hårda arbete som behövs för att utvecklas.

Så, vad är viktigast för dig? Är du en som förlitar dig på din medfödda förmåga, eller strävar du ständigt efter att överträffa dig själv genom hårt arbete? Eller kanske är det dags att reflektera över hur dessa båda element samverkar i ditt eget liv, för att hitta en balans som kan ta dig till nästa nivå. I slutändan är det denna reflektion som kan leda till verklig insikt och hjälpa dig att förstå vad som verkligen krävs för att nå den framgång du siktar på.

Plats för dina tankar: Använd denna sida för att skriva dina egna tankar, insikter eller frågor kapitlet väckt.

När Är Man Tillräckligt Bra?

I idrottens värld finns det en ständig strävan efter att bli bättre. Att nå nästa nivå, att överträffa sina tidigare prestationer, att pressa sig själv till det yttersta – detta är ofta det som definierar en framgångsrik idrottare. Men mitt i denna strävan väcks en viktig fråga som få stannar upp för att verkligen reflektera över: När är man tillräckligt bra? Finns det ens ett sådant tillfälle, där man kan säga att man är nöjd med sin prestation? Eller är känslan av att aldrig vara riktigt tillräcklig en del av vad som driver idrottens värld framåt, att alltid sträva efter att bli bättre? Hur bra jag än spelar finns det alltid något att förbättra?

Att bli bättre är en central del av idrott. Det är det som driver oss att vakna tidigt för att träna, att lägga ner timmar på repetitioner och att offra andra delar av livet för att nå våra mål. Under denna ständiga strävan ligger en underliggande mening: att det alltid finns mer att arbeta på, mer att utveckla. Varje gång vi går in i gymmet, varje gång vi övar på en ny teknik eller försöker finslipa vårt mentala spel, finns tanken där i bakgrunden – att det finns något kvar att förbättra. Men vad händer när vi når det vi siktar på? Känner vi oss då plötsligt "tillräckligt bra," eller flyttar vi genast ribban högre?

Det finns en inneboende paradox i denna strävan. Ju mer vi tränar och pressar oss själva, desto mer växer känslan av att det finns ännu mer att lära. Ju mer vi förbättrar våra färdigheter, desto mer medvetna blir vi om allt vi ännu inte behärskar. När vi kämpar för att övervinna våra svagheter, är det lätt att fastna i en ständig känsla av att aldrig riktigt nå fram. Samtidigt kan det hända att de runt omkring oss – våra tränare, lagkamrater och supportrar – ser oss som tillräckligt bra, kanske till och med som förebilder. Men varför är det så svårt för oss själva att inse det? Vad händer när vi är omgivna av beundran och ändå inte känner oss tillräckliga?

För många idrottare är känslan av att aldrig vara tillräckligt bra en del av vad som driver dem. De som når de högsta nivåerna inom sin sport har ofta en inre röst som ständigt påminner dem om att de kan mer, att de kan bli bättre. Men detta tankesätt kan också leda till en konstant känsla av otillräcklighet, där varje prestation granskas och kritiseras snarare än firas. Även när andra ser dig som framgångsrik, kan den inre kritiska rösten ifrågasätta om du verkligen har gjort nog.

Denna ständiga självgranskning kan leda till att idrottare tappar förmågan att njuta av sina framgångar. Det spelar ingen roll hur många gånger andra säger att du är bra – om du inte själv känner det, kan framgångarna kännas tomma. Och när denna otillräcklighetskänsla dominerar, riskerar du att pressa dig själv för hårt, jaga perfektion och aldrig känna den tillfredsställelse som andra ser som uppenbar. Detta kan leda till överträning, utbrändhet och i värsta fall en förlorad passion för sporten du en gång älskade.

Att veta när man är tillräckligt bra att ta nästa steg i sin utveckling – vare sig det handlar om att avancera inom sin idrott, påbörja en ny utmaning eller tävla på en högre nivå – är en av de mest komplexa frågorna en idrottare kan möta. Är det när du har bemästrat grunderna? När du uppnått vissa resultat? Eller handlar det mer om en känsla av att vara redo, en inre övertygelse som inte alltid går att mäta i siffror?

För många är svaret en kombination av prestation och mental styrka. Att vara tillräckligt bra för nästa nivå handlar inte bara om vad du kan göra fysiskt – det handlar lika mycket om hur du hanterar pressen, ansvaret och osäkerheten som kommer med att ta det steget. Den perfekta tidpunkten kanske aldrig kommer, och känslan av att vara "bra nog" kan vara en illusion. Ibland handlar det om att våga ta klivet och lära sig hantera utmaningarna längs vägen.

En annan viktig fråga som uppstår är: När kan man börja njuta av sin idrott, sitt spel, sina prestationer? Är det något vi måste skjuta upp tills vi når våra mål, eller är det möjligt att njuta av resan även när vi fortfarande strävar efter att bli bättre?

Många idrottare känner att de inte "förtjänar" att njuta förrän de når en viss nivå, men den inställningen kan leda till att man missar de glädjeämnen som faktiskt finns längs vägen. Om vi bara tillåter oss att känna tillfredsställelse när vi har nått en specifik prestation, riskerar vi att leva i en ständig känsla av brist och frustration. Men om vi istället kan lära oss att hitta glädje i varje steg på vägen – i framstegen, i utmaningarna, i lärandet – kan vi uppleva en mer hållbar form av tillfredsställelse.

Att träna hårt och sträva efter att bli bättre är viktigt, men det är också viktigt att kunna stanna upp och uppskatta det man redan har uppnått. Genom att odla ett mindset där man tillåter sig själv att både njuta och fortsätta utvecklas, kan man skapa en balans mellan strävan och tacksamhet. Detta innebär att vi kan hitta stunder av frid och tillfredsställelse, även mitt i vår ständiga strävan efter att bli bättre.

Frågan om när man är tillräckligt bra har inget enkelt svar. För många av oss kommer känslan av att vara tillräcklig alltid att vara flyktig, något som ständigt rör sig längre bort ju närmare vi kommer. Men kanske handlar det inte om att nå en punkt där vi kan säga att vi är tillräckligt bra, utan om att lära oss att uppskatta processen och att förstå att tillräcklighet inte behöver vara en fast destination. Istället kan vi sträva efter att skapa en balans där vi både erkänner och firar våra framgångar, samtidigt som vi fortsätter att utvecklas och växa.

Det är också viktigt att reflektera över hur vår egen självbild ibland kan stå i kontrast till hur andra ser oss. När andra säger att vi är tillräckligt bra, men vi själva inte kan acceptera det, kan det vara ett tecken på att vår inre kritiska röst har tagit över. Om vi ständigt ifrågasätter vår egen värdighet trots yttre framgångar, riskerar vi att aldrig riktigt känna tillfredsställelse, oavsett hur mycket vi uppnår. Att kunna ta till sig andras uppmuntran och erkänna våra framsteg är en viktig del av att bryta denna cykel.

Slutligen finns en viktig insikt att ta med sig: strävan efter förbättring är en kraftfull drivkraft, men om den aldrig balanseras med förmågan att acceptera var vi är just nu, riskerar vi att fastna i en ständig känsla av otillräcklighet. Att vara tillräckligt bra kanske inte handlar om att uppnå en viss prestation, utan om att kunna släppa taget om den ständiga jakten och känna tillfredsställelse där vi är. Genom att hitta balansen mellan strävan och acceptans kan vi skapa en hållbar väg framåt – en där vi både utvecklas och njuter av den resa vi är på.

Kanske är svaret på frågan om när vi är tillräckligt bra att vi redan är det – i varje ögonblick där vi ger vårt bästa, lär oss något nytt och hittar glädje i vår idrott. Genom att odla en känsla av tacksamhet för var vi befinner oss just nu, kan vi hitta ett sätt att både njuta av resan och fortsätta sträva efter våra drömmar.

Plats för dina tankar: Använd denna sida för att skriva dina egna tankar, insikter eller frågor kapitlet väckt.

Självförtroende Eller Framgång - Vilket Kommer Först?

Självförtroende och framgång är två krafter som ofta verkar gå hand i hand. Vi hör ofta att starkt självförtroende är nyckeln till framgång, men samtidigt kan man undra om det inte är framgången som skapar självförtroendet. Denna "hönan eller ägget"-fråga är central när vi försöker förstå den psykologiska dynamiken bakom prestation. Är det möjligt att nå framgång utan självförtroende, eller måste vi först uppleva framgång för att börja tro på oss själva.

Självförtroende definieras som en inre tro på sin egen förmåga att lyckas och hantera utmaningar. Det är en känsla av säkerhet och övertygelse som ger oss modet att ta risker och agera beslutsamt. Men varifrån kommer denna övertygelse? Är det en naturlig egenskap, eller något som växer fram genom erfarenheter och upplevelser? Om självförtroendet är så viktigt, hur kan vi då odla det om vi ännu inte har några bevis på vår förmåga? Detta leder oss till en kritisk fråga: kan självförtroende existera i ett vakuum, eller behöver det näring från framgångar för att överleva?

Framgång är ofta resultatet av att uppnå mål eller överträffa förväntningar, och den ger en känsla av belöning och tillfredsställelse. Men vad är framgångens källa? Är det självförtroendet som driver oss till framgång, eller kan andra faktorer som disciplin, tur eller yttre stöd vara tillräckliga för att vi ska lyckas?

Frågan om vad som kommer först – självförtroende eller framgång – ställer oss inför en klassisk paradox. Om vi inte har självförtroende, hur ska vi då kunna prestera på en nivå som leder till framgång? Och om vi aldrig upplevt framgång, hur ska vi kunna tro på vår förmåga att lyckas? Denna paradox liknar den klassiska "moment 22"-problematiken, där vi fastnar i en cirkel där vi behöver något för att få det andra, men inte kan få det ena utan att redan ha det andra.

Låt oss överväga scenariot där självförtroende kommer först. En idrottare kan ha en orubblig tro på sin egen förmåga, även innan de har upplevt någon större framgång. Denna tro kan ge dem den mentala styrkan att fortsätta träna hårdare, sätta högre mål och övervinna hinder. Självförtroendet blir då en katalysator för handlingar som i sin tur leder till framgång. Men varifrån kom detta självförtroende? Kanske från små framgångar, tidigare positiva erfarenheter eller uppmuntran från omgivningen. Men utan dessa grundläggande byggstenar, skulle självförtroendet verkligen kunna växa och bli den drivkraft det är?

Nu tänker vi på en annan idrottare som kanske lider av tvivel och osäkerhet, men som ändå lyckas vinna en tävling. Denna oväntade framgång kan ge dem en plötslig boost av självförtroende som driver dem att fortsätta prestera bättre. Här ser vi hur framgång kan skapa självförtroende. Men vad låg bakom den första framgången? Kanske var det ren skicklighet, hårt arbete eller till och med tur. I detta fall är det framgången som föder självförtroendet, men frågan är om denna cykel är hållbar. Om vi bara förlitar oss på yttre framgångar för att känna oss självsäkra, riskerar vi att bygga vårt självförtroende på en osäker grund som kan falla samman vid första motgång.

Kanske ligger svaret inte i att prioritera det ena framför det andra, utan i att förstå den ömsesidiga påverkan mellan självförtroende och framgång. Självförtroende kan hjälpa oss att nå framgång, och framgång kan förstärka vårt självförtroende. Detta dynamiska samspel skapar en positiv återkopplingsslinga där de två elementen förstärker varandra och driver oss framåt.

Självförtroende behöver inte alltid bygga på stora framgångar. Genom att sätta upp små, nåbara mål och fira varje litet framsteg, kan vi gradvis bygga upp en känsla av självförtroende som växer över tid. Samtidigt kan dessa små framgångar bli grundstenarna i en större framgångssaga.

En viktig komponent i denna balans är stödet från omgivningen. Coacher, mentorer och lagkamrater kan hjälpa oss att känna oss starkare och tro mer på oss själva. Samtidigt kan vår egen inre övertygelse och vilja vara en stark drivkraft, oavsett yttre omständigheter.

Frågan om vad som kommer först – självförtroende eller framgång – har inget enkelt svar. Det är inte en linjär process, utan snarare en komplex och dynamisk interaktion mellan dessa två krafter. Genom att reflektera över detta samband kan vi bättre förstå vår egen resa mot framgång och hur vi kan stärka både vårt självförtroende och vår förmåga att uppnå framgång.

Fundera på din egen utveckling. Har du upplevt att självförtroende leder till framgång, eller har framgång varit den faktor som byggt ditt självförtroende? Hur kan du skapa en balans mellan att odla ditt självförtroende och sträva efter framgång på ett sätt som stärker dig i längden? Genom att ställa dessa frågor och reflektera över dina svar kan du hitta en strategi som hjälper dig att växa både som idrottare och som människa.

Plats för dina tankar: Använd denna sida för att skriva dina egna tankar, insikter eller frågor kapitlet väckt.

Ju Mer Du Lär Dig, Desto Mer Inser Du Att Du Inte Vet

Det är en av de stora paradoxer som alla som strävar efter mästerskap måste konfrontera: Ju bättre du blir, desto mer inser du hur mycket du inte vet. När du börjar på din resa inom en idrott, kanske du tror att du har en god uppfattning om vad som krävs för att bli framgångsrik. Men när du stiger i nivå, när dina färdigheter och din förståelse för sporten fördjupas, upptäcker du en växande insikt om allt det du ännu inte har lärt dig. Vad betyder detta fenomen? Varför verkar det som om varje steg framåt också innebär att dörrar till ännu större och mer komplexa områden av kunskap och förståelse öppnas? Är detta en börda, eller är det kanske själva kärnan i vad det innebär att sträva efter storhet?

Att bli bättre inom en idrott innebär inte bara att utveckla tekniska färdigheter eller att förbättra sin fysiska förmåga. Det innebär också att förvärva en djupare förståelse för spelet, att se mönster och samband som tidigare varit osynliga. Med varje framsteg upptäcker du nya lager av komplexitet som du tidigare inte ens visste fanns. Denna ökade insikt leder dock till en medvetenhet om hur begränsad din tidigare förståelse var – och hur mycket som fortfarande ligger utanför din räckvidd.

När du tar dina första steg i en idrott kan allt verka enkelt. Reglerna är tydliga, målen är klara och träningen handlar mest om att förbättra tekniken. Men när du utvecklas, inser du att det finns strategiska, mentala och fysiska dimensioner som kräver en helt annan nivå av förståelse. Plötsligt blir de enkla sakerna svåra igen, men på ett annat sätt – för nu förstår du nyanserna. Detta leder till en naturlig fråga: Är kunskap en väg till insikt, eller snarare till ödmjukhet?

När vi lär oss mer, inser vi ofta hur mycket vi inte visste från början. Varje nytt lager av kunskap avslöjar ännu djupare nivåer av komplexitet. Vad som en gång verkade klart och tydligt framstår nu som oändligt komplext. Är detta en naturlig del av lärandet – en process där varje ny insikt öppnar dörren till ännu fler frågor? Eller är det ett tecken på ödmjukhet, där vi börjar förstå att vår resa mot mästerskap aldrig riktigt tar slut? Kanske är det så att den verkliga visdomen ligger i att erkänna våra egna begränsningar och förstå att vi alltid kommer att vara elever i vår idrott.

Med varje nytt steg i din utveckling som idrottare upptäcker du nya områden som kräver utforskning. Varje ny färdighet du behärskar, varje strategi du lär dig, öppnar upp för en ännu bredare värld av kunskap. Det verkar som om horisonten för vad du behöver lära dig alltid flyttar sig längre bort ju närmare du kommer. Om kunskapens horisont ständigt expanderar, vad innebär det då för vår känsla av att nå ett slutmål? Kan vi någonsin bli fullärda, eller är mästerskap snarare en process av ständigt lärande?

Denna paradox – att ju mer du lär dig, desto mer inser du hur mycket du inte vet – är en som har sysselsatt filosofer, forskare och idrottare i århundraden. Det är en insikt som kan vara både inspirerande och skrämmande. Å ena sidan innebär det att möjligheterna till lärande och tillväxt aldrig tar slut. Å andra sidan kan vetskapen om allt vi inte vet skapa en känsla av osäkerhet och tvivel.

När vi börjar förstå hur mycket vi inte vet, kan det leda till att vi ifrågasätter våra egna förmågor och mål. Om varje ny insikt bara visar oss hur lite vi egentligen förstår, hur kan vi då vara säkra på att vi någonsin kommer att nå våra mål? Detta tvivel är en naturlig del av en sökande attityd, men det kan också vara förlamande om vi inte lär oss att navigera det. Hur kan vi förbli motiverade och fokuserade när vi inser att det alltid kommer att finnas mer att lära och förbättra?

Samtidigt kan insikten om det okända fungera som en kraftfull drivkraft. Den kan väcka nyfikenhet och inspiration att fortsätta växa. De största mästarna är ofta de som aldrig slutar ställa frågor, som aldrig antar att de har alla svar, utan som ser sin utveckling som en oändlig resa. Hur kan denna ständiga nyfikenhet bli en katalysator för fortsatt framsteg och motivation?

Mästerskap är ofta sett som ett slutmål, en plats där man till slut har lärt sig allt och blivit fulländad. Men om vi betraktar mästerskap som en oändlig resa, där varje ny insikt bara leder till nya frågor, vad innebär det då för vår strävan efter att bli bättre? Är det ens viktigt att nå ett slutmål, eller ligger den sanna glädjen och meningen i själva processen att utvecklas och fördjupa vår förståelse?

Kanske är det så att en sann mästare aldrig slutar vara en lärling. När vi inser att det alltid finns mer att lära, kan vi då omfamna tanken på att alltid förbli nyfikna och öppna för nya insikter? Detta perspektiv kan förändra hur vi ser på vår utveckling. Istället för att jaga efter perfektion, kan vi se oss själva som ständiga elever, alltid på jakt efter nästa nivå av förståelse.

Att omfamna osäkerheten och inse att vi aldrig kommer att veta allt kan också vara befriande. Mästerskap kanske inte handlar om att eliminera tvivel, utan om att kunna leva med det – att kunna prestera och växa trots, eller kanske tack vare, det okända. Att acceptera denna paradox kan vara en nyckel till att bibehålla motivation och glädje, även när vägen framåt känns otydlig.

Ju mer vi lär oss, desto mer inser vi hur mycket vi inte vet. Detta är en av de stora paradoxer som ligger i hjärtat av varje idrottares resa mot mästerskap. Det är en paradox som kan kännas överväldigande, men också djupt befriande. För om vi kan omfamna denna insikt, kan vi börja se vår idrottsliga resa som något oändligt rikt och fascinerande, en resa som aldrig riktigt tar slut, men som ständigt erbjuder nya utmaningar och möjligheter till tillväxt.

Fråga dig själv: Hur påverkar denna insikt min syn på min egen utveckling som idrottare? Kan jag omfamna tanken på att aldrig vara fullärd, att alltid vara i en process av lärande och utforskande? Genom att reflektera över dessa frågor kan du kanske finna ett nytt perspektiv på vad det innebär att sträva efter mästerskap, och på hur du kan förbli öppen för allt det som ännu väntar på att bli upptäckt.

Plats för dina tankar: Använd denna sida för att skriva dina egna tankar, insikter eller frågor kapitlet väckt.

Ödmjukhetens Roll i Mästarnas Psyke

Det är en iakttagelse som endel har gjort, men som få verkar ha reflekterat över: De allra bästa inom sina respektive grenar tenderar att vara ödmjuka, medan de som ännu inte nått samma höjder ofta uppvisar en starkare strävan att framhäva sig själva. Vad ligger bakom detta fenomen? Kan det vara så att ödmjukhet, ett till synes mjukt och passivt drag, faktiskt är en av de nycklar som öppnar dörren till storhet? Är det möjligt att denna inre stillhet och frånvaro av behov att ständigt bevisa sitt värde, i själva verket är grunden för att nå de högsta nivåerna inom idrott? Denna paradox väcker djupa filosofiska frågor om hur ödmjukhet påverkar framgång och om det är en förutsättning för mästerskap.

När vi betraktar de största mästarna inom idrott är det slående hur många av dem verkar besitta ett inre lugn, en trygghet i sig själva som inte kräver yttre bekräftelse. De behöver inte tala om hur bra de är, deras prestationer talar för sig själva. Men vad är det som ligger bakom detta lugn? Varifrån kommer denna ödmjukhet, och hur har den formats?

Det kan vara så att dessa mästare redan har bevisat sitt värde, inte bara för andra, utan för sig själva. Genom år av framgångsrika prestationer har de utvecklat en inre visshet om sin förmåga, vilket gör att de inte längre känner behovet av att söka bekräftelse utifrån. Men är ödmjukhet en konsekvens av framgång, eller är det kanske en förutsättning för den? Om en idrottare redan från början har en ödmjuk inställning, kan det öppna upp för en mer

37

genuin utveckling. De fokuserar inte på att ständigt bevisa sig, utan på att förbättra sig. Denna inre stillhet och avsaknad av behovet att framhäva sig själv kan paradoxalt nog ge dem en oslagbar fördel.

Kanske är ödmjukhet också ett uttryck för djup självinsikt. De bästa idrottarna vet vad de är kapabla till, men de är också medvetna om sina begränsningar. De förstår att varje prestation är ett resultat av både hårt arbete och förutsättningar utanför deras kontroll. Denna medvetenhet om både styrkor och svagheter gör att de inte behöver överdriva sina prestationer eller hävda sig själva. Kan det vara så att denna ödmjukhet och självinsikt är vad som hjälper dem att prestera på topp även under de mest pressade situationerna?

Om vi accepterar att ödmjukhet är en egenskap som ofta återfinns hos de allra bästa, uppstår en ny fråga: Är det ödmjukheten som har hjälpt dem att nå dessa höjder, eller är den ett resultat av deras framgång? Eller kanske är det en kombination av båda?

Ödmjukhet kan skapa utrymme för kontinuerlig utveckling. En idrottare som är ödmjuk är sannolikt mer öppen för att lära sig, mer mottaglig för feedback och mindre benägen att bli självgod. Denna vilja att ständigt förbättra sig, att aldrig anta att man redan vet allt, kan vara en avgörande faktor för att nå och bibehålla världsklass. Ödmjukhet tillåter en idrottare att se sig själv som en evig lärling, alltid villig att ta till sig nya insikter och metoder för att nå högre nivåer.

Dessutom kan ödmjukhet fungera som en skyddsmekanism mot den enorma press som ofta följer med att vara i toppen. Om en idrottare inte bygger sitt värde på ständiga prestationer och yttre erkännande, kan de vara bättre rustade att hantera motgångar. Genom att förbli ödmjuk och fokuserad på processen snarare än på resultatet, kan de navigera genom svåra perioder med ett stabilt sinne. Är det möjligt att ödmjukhet hjälper dem att hålla fokus och behålla sin motivation, även när de möter svårigheter?

I lagsporter är ödmjukhet ofta en avgörande faktor för att skapa en fungerande lagdynamik. Många av de bästa idrottarna talar ofta om lagets betydelse snarare än deras egna individuella prestationer. En ödmjuk spelare är mer benägen att sätta lagets framgång framför sitt eget behov av erkännande. Detta fokus på laget snarare än individen kan skapa en starkare enhet, där varje spelare arbetar för det gemensamma målet. Kan det vara så att ödmjukhet inte bara är bra för individen, utan också för hela laget?

Medan ödmjukhet kan vara en kraftfull allierad, är brist på ödmjukhet ofta förknippad med stagnation och frustration. När idrottare fokuserar mer på att framhäva sig själva än på att lära och växa, kan det hämma deras utveckling.

En idrottare som saknar ödmjukhet kan bli alltför beroende av yttre framgång för att bygga sitt självförtroende. Detta kan leda till en överdriven rädsla för att misslyckas, där varje misstag ses som ett hot mot deras självvärde. Denna rädsla kan skapa en inre blockering som hindrar dem från att ta risker och lära sig av sina misstag. De som saknar ödmjukhet kan också bli mindre mottagliga för kritik och feedback, vilket hindrar dem från att identifiera och arbeta med sina svagheter.

När en idrottare inte är ödmjuk, kan de också stänga sig själva av från att lära av andra. Om de tror att de redan vet allt eller att de är överlägsna, kan de missa viktiga insikter och råd som kan ta dem till nästa nivå. Detta självgoda förhållningssätt kan bli en barriär för fortsatt utveckling och kan leda till stagnation. Är det möjligt att en av de största hindren för framgång är just oförmågan att vara ödmjuk nog att erkänna att det alltid finns mer att lära?

Ödmjukhet kan ses som en paradoxal styrka inom idrotten – den är både ett resultat av framgång och en väg till den. Men den väcker också djupare filosofiska frågor om vad det innebär att vara framgångsrik och om hur vi förhåller oss till våra prestationer och vår identitet.

De bästa idrottarna verkar ha funnit en inre frid som gör att de inte behöver bevisa något för någon annan än sig själva. Denna inre frid kan vara avgörande för att prestera under press. Kanske är det så att den inre tryggheten som ödmjukhet ger, i sin tur leder till en större förmåga att prestera konsekvent, oavsett yttre omständigheter.

Ödmjukhet kan också ses som en form av kontroll över sina egna känslor och reaktioner. Genom att inte låta sitt ego styra, kan en idrottare hålla sig fokuserad på vad som verkligen betyder något – själva spelet, träningen, och den ständiga strävan efter förbättring. Är ödmjukhet i själva verket en av de mest kraftfulla formerna av kontroll, där man kan hantera sina egna förväntningar och hålla sig närvarande i nuet?

Ödmjukhet är en egenskap som ofta förknippas med visdom och inre styrka, och inom idrotten verkar den spela en avgörande roll i att forma de allra bästa. Men är det ödmjukheten som skapar framgång, eller är det framgången som skapar ödmjukhet? Eller kanske är det en växelverkan mellan de två, där varje framgång ger näring åt en djupare ödmjukhet, som i sin tur möjliggör ytterligare framgångar?

Tänk efter: Hur kan jag utveckla ödmjukhet i min egen idrottskarriär? Är jag öppen för att lära och växa, även när jag redan har nått framgång? Genom att reflektera över dessa frågor, och genom att utforska ödmjukhetens roll i ditt eget liv, kan du kanske upptäcka att den verkliga vägen till storhet inte bara handlar om att vinna över andra, utan också om att vinna över dig själv.

Plats för dina tankar: Använd denna sida för att skriva dina egna tankar, insikter eller frågor kapitlet väckt.

Finns Press och Stress eller Skapar Vi Det Själva?

Press och stress är ord som ofta används inom idrottens värld. De beskriver känslor som nästan varje idrottare har upplevt – nervositeten inför en viktig match, tyngden av förväntningar från omgivningen, och den inre pressen att prestera på topp när det verkligen gäller. Men vad innebär dessa begrepp egentligen? Är press och stress krafter som idrottare utsätts för utifrån, eller är de något som vi själva skapar genom vårt sätt att tänka och reagera? Denna fråga leder oss in i en djupare filosofisk reflektion över idrottens natur och hur vi upplever de utmaningar som den ställer oss inför. Kanske finns det inte ett enkelt svar, utan snarare en komplex växelverkan mellan det yttre och det inre – en växelverkan som idrottare har mer kontroll över än de kanske tror.

Inom idrott är det vanligt att betrakta press och stress som något yttre, något som påtvingas idrottare av omständigheter utanför deras kontroll. Denna syn är inte obefogad. Tävlingar, förväntningar från tränare och supportrar, samt mediafokus kan alla verka som källor till en enorm press. När en spelare ställs inför att avgöra en match med ett enda skott, eller när ett lag ska försvara sin titel inför en kritisk publik, känns det som om pressen är något konkret och påtagligt – något som omöjligt kan ignoreras.

Inom idrotten kommer varje nivå med sina egna krav och förväntningar. För en ung spelare kan det handla om att visa framfötterna för att säkra en plats i laget. För en elitidrottare kan det vara att leva upp till förväntningarna att leverera när det gäller som mest. Dessa förväntningar känns ofta överväldigande, som om de är okontrollerbara krafter som driver oss till att känna stress. Det kan verka som om dessa yttre faktorer är den direkta orsaken till den press vi upplever.

Även miljön spelar en roll. En avgörande match på hemmaplan inför tusentals åskådare, där förväntningarna är skyhöga, kan kännas som en naturlig källa till stress. Det är lätt att tro att vissa situationer i sig själva är stressande – att en finalmatch per definition är en stressfylld händelse. Men är detta verkligen hela sanningen? Om två idrottare befinner sig i samma situation men reagerar olika – en med press och ångest, och den andra med lugn och fokus – vad är det som egentligen avgör upplevelsen av stress?

Samtidigt finns det en stark argumentation för att press och stress är inre konstruktioner, skapade av vårt sätt att tänka, tolka och reagera på de situationer vi möter. Detta perspektiv öppnar upp för en djupare förståelse av hur vi kan hantera och förändra vår upplevelse av stress i idrottens värld.

Stress är i grunden en upplevelse – en känsla som uppstår i vårt sinne och kropp som svar på hur vi tolkar och förhåller oss till en situation. Inom idrotten är det slående hur två spelare kan möta exakt samma utmaning, men uppleva den på helt olika sätt. En idrottare kan se en final som en stor möjlighet, medan en annan upplever den som en skrämmande prövning. Det som en person tolkar som enorm press, ser en annan som en stimulerande utmaning. Detta pekar på att stress inte är en objektiv verklighet utan snarare en subjektiv upplevelse – beroende på hur vi tolkar vår situation.

Våra tankar spelar en avgörande roll i hur vi upplever stress inom idrotten. Om vi ständigt oroar oss för vad som kan gå fel, om vi tvivlar på vår förmåga eller jämför oss med andra, skapar vi en inre miljö som förstärker känslan av stress. Tankar som "jag får inte misslyckas" eller "alla förväntar sig att jag vinner" kan snabbt eskalera och förvandla en utmaning till en känsla av överväldigande press. Men om vi kan lära oss att styra våra tankar, fokusera på det vi kan kontrollera och omformulera vår inre dialog, kan vi förändra hur vi upplever samma situation.

Inom idrotten är det ofta våra egna förväntningar och den press vi lägger på oss själva som skapar störst stress. Vi bygger upp mentala bilder av vad vi "måste" uppnå och hur vi "borde" prestera. När verkligheten inte matchar dessa bilder, känner vi oss ofta misslyckade. Detta kan leda till en ond cirkel där vi sätter upp ännu högre krav på oss själva i hopp om att undvika besvikelse, vilket i sin tur bara ökar stressen. Genom att reflektera över våra förväntningar och inse att det är vi själva som skapar dessa mentala hinder, kan vi minska den interna pressen och istället fokusera på att njuta av spelet och utvecklas som idrottare.

Att reflektera över press och stress som yttre versus inre fenomen leder till en djupare förståelse för hur vi kan navigera dessa upplevelser inom idrotten. Om vi betraktar stress som något vi själva skapar, öppnar det upp möjligheten att förändra vårt förhållningssätt till idrotten och därmed minska dess negativa effekter.

Om stress är något vi själva skapar, innebär det att vi har större kontroll över den än vi kanske först trodde? Genom att förändra vårt sätt att tänka och våra reaktioner på yttre omständigheter, kan vi ta ansvar för hur vi upplever och hanterar stress inom vår idrott. Detta skiftar makten från yttre faktorer till vår egen inre kontroll. Istället för att känna oss som offer för yttre förväntningar eller miljöer, kan vi börja se oss själva som aktiva deltagare i hur vi upplever vår idrottsliga resa.

Att utveckla ett medvetet mindset kring press och stress är avgörande för att kunna hantera dem på ett konstruktivt sätt. Genom att öva på självkännedom, mental träning och medvetenhet om våra egna tankemönster kan vi lära oss att identifiera och förändra de tankar som skapar stress. En idrottare som inser att stress delvis är ett resultat av hans eller hennes egen tolkning av situationen, får också verktygen att förändra dessa tolkningar.

Hur skulle ditt spel förändras om du lärde dig att se pressande situationer som spännande utmaningar snarare än hot?

Samtidigt som vi kan förändra vår upplevelse av stress finns det också en aspekt av acceptans som är viktig. Inom idrotten är vissa nivåer av stress naturliga och kanske till och med nödvändiga för att prestera på topp. Genom att acceptera att viss press är en del av spelet, och genom att lära oss att navigera dessa känslor snarare än att försöka eliminera dem, kan vi hitta en balans som gör oss både mentalt starkare och mer motståndskraftiga. Är det kanske så att det handlar om att inte se stress som något negativt i sig, utan om att lära sig hantera den på ett sätt som gynnar vår prestation?

Press och stress inom idrotten är komplexa upplevelser som både kan ses som yttre fenomen och som något vi själva skapar genom vårt sätt att tänka och reagera. Genom att reflektera över denna dubbelhet och genom att arbeta med att förändra vårt inre förhållningssätt till stress, kan vi ta kontroll över vår upplevelse och skapa en mer balanserad och hållbar idrottslig karriär.

Ta en stund att tänka på: Är stress och press något som sporten tvingar på mig, eller är det något jag skapar genom mina egna tankar och förväntningar? Hur skulle min idrottsliga utveckling förändras om jag lärde mig att hantera press på ett mer konstruktivt sätt? Genom att reflektera över dessa frågor och utveckla ett mer medvetet och balanserat förhållningssätt till stress, kan du finna nya vägar att nå dina mål och samtidigt njuta mer av din idrottsliga resa.

Plats för dina tankar: Använd denna sida för att skriva dina egna tankar, insikter eller frågor kapitlet väckt.

Varför Presterar Vissa Atleter Bättre Under Press?

Det är ett fascinerande fenomen inom idrottens värld att vissa atleter verkar blomstra när pressen är som störst. När allt står på spel, när ögonen är riktade mot dem och förväntningarna är på topp, tycks de kunna höja sitt spel och leverera sitt bästa. Samtidigt finns det andra som, trots sin talang och kapacitet, viker sig under samma omständigheter. Vad är det som gör att vissa presterar bättre under press? Är det något medfött, eller är det resultatet av träning och förberedelser? Genom att utforska denna komplexa fråga kan vi börja förstå de dolda mekanismerna bakom detta fascinerande fenomen.

Människor reagerar olika på press beroende på en rad faktorer – biologiska, psykologiska och sociala. För vissa individer kan press fungera som en katalysator som skärper deras fokus och frigör deras fulla potential. För andra kan samma press kännas förlamande och leda till prestationsångest. Men vad ligger egentligen bakom denna skillnad? Är vissa människor genetiskt disponerade för att hantera stress bättre, eller är det en färdighet som kan utvecklas med rätt verktyg och träning?

En viktig faktor som ofta lyfts fram är den mentala förberedelsen. Atleter som presterar bra under press har ofta utvecklat mentala strategier som hjälper dem att hantera de psykologiska påfrestningarna i avgörande ögonblick. Tekniker som visualisering, andningsövningar och positivt självprat är vanliga verktyg som används för att bibehålla lugn och fokus när pressen ökar. Men mentala förberedelser handlar inte bara om att hantera nervositet – det handlar också om att träna sitt sinne att se pressade situationer som möjligheter snarare än hot. Hur mycket av denna förmåga är inlärd, och hur mycket är en naturlig del av en individs personlighet?

Självförtroende är en central komponent i förmågan att prestera under press. Men vad är det som skapar detta självförtroende? I många fall bygger det på tidigare erfarenheter av framgång. Ju fler gånger en atlet har klarat av att leverera under press, desto starkare blir deras tro på att de kan göra det igen. Men självförtroende kan också vara en fråga om inre övertygelse – en djupt rotad känsla av att man har vad som krävs, oavsett omständigheterna. Frågan är: Kan självförtroende odlas i frånvaro av erfarenhet, eller måste det byggas upp genom upprepade framgångar?

Det finns också biologiska faktorer som kan påverka hur vi reagerar på press. Stress och adrenalin kan både vara en vän och en fiende i pressade situationer. För vissa individer kan en ökad nivå av adrenalin förbättra deras fokus, skärpa deras sinnen och öka deras reaktionsförmåga. För andra kan samma biokemiska respons orsaka ångest, blockera deras tankeförmåga och leda till misstag. Forskning tyder på att vår individuella stressrespons till viss del är genetiskt betingad, vilket innebär att vissa människor är biologiskt bättre rustade för att hantera press än andra. Vissa gener, som de som påverkar frisättningen av stresshormoner som kortisol och adrenalin, spelar en roll i hur vi reagerar på stress. Denna genetiska komponent kan bidra till varför vissa atleter klarar av press bättre och kan omvandla den till något positivt. Men är detta hela förklaringen, eller finns det sätt att träna kroppen och sinnet att hantera stress bättre?

Miljön vi växer upp i och de kulturella värderingar vi omfamnar spelar också en stor roll. I vissa kulturer uppmuntras människor att se press och motgångar som en del av framgångsresan, medan andra kulturer kan ha en mer avskräckande syn på att misslyckas. Idrottare som växer upp i en miljö där press ses som något positivt lär sig tidigt att omfamna utmaningar snarare än att undvika dem. Detta kan ge dem en mental fördel i avgörande ögonblick. Samtidigt kan individuella faktorer, som familjens stöd och tränarnas attityder, påverka hur en atlet utvecklar sin förmåga att hantera press. Hur mycket av en atlets förmåga att prestera under press är formad av deras omgivning och uppfostran?

Trots alla teorier och analyser finns det alltid en aspekt av det oförklarliga när det gäller mänsklig prestation. Vissa atleter verkar helt enkelt ha en inneboende förmåga att leverera när det gäller som mest. Detta kan bero på en unik kombination av faktorer som vi ännu inte helt förstår – kanske en blandning av mental styrka, inre tro, rätt biokemi och en omgivning som stöttar deras utveckling. Men det finns också något mystiskt och oförklarligt i hur vissa människor lyckas överträffa sig själva i de mest kritiska ögonblicken. Är det en form av instinktiv intelligens, eller handlar det om en djupare koppling till något större än sig själv?

Frågan om varför vissa atleter presterar bättre under press har inget enkelt svar, men det är just denna komplexitet som gör det så fascinerande att utforska. Det handlar troligen om en kombination av mental förberedelse, självförtroende, erfarenhet, biologiska faktorer och den omgivning vi formas av. Men kanske finns det också en del av svaret som alltid kommer att vara höljt i mystik – något vi bara kan ana men aldrig helt förstå.

När du reflekterar över din egen förmåga att hantera press, fundera på vilka faktorer som påverkar dig mest. Är det dina mentala förberedelser, din erfarenhet, eller kanske din biologiska respons på stress? Genom att utforska dessa frågor kan du börja identifiera hur du själv kan förbättra din förmåga att prestera under press och nå din fulla potential – oavsett om det handlar om idrott, arbete eller andra utmaningar i livet.

Plats för dina tankar: Använd denna sida för att skriva dina egna tankar, insikter eller frågor kapitlet väckt.

Självförtroende – Ett Farligt Singularitetsfokus?

Självförtroende är ofta utropat som den centrala komponenten för framgång inom idrott, karriär och livet i stort. Att tro på sig själv och sina förmågor är tveklöst en viktig del av att lyckas. Men vad händer när självförtroende blir den enda pelaren vårt presterande vilar på? Kan vi riskera att bygga vårt framgångstorn på en grund som, om den rämnar, lämnar oss sårbara?

Självförtroende är en dynamisk och kraftfull drivkraft, men samtidigt är det också flyktigt och oförutsägbart. Det kan påverkas av små detaljer: en misslyckad prestation, kritik från andra, eller en tillfällig svacka. När hela vårt presterande hänger på självförtroendet, skapar vi en sårbarhet som gör oss känsliga för plötsliga förändringar.

Självförtroende är inte en konstant faktor; det kan skifta från dag till dag, ibland till och med från ögonblick till ögonblick. När vi enbart förlitar oss på självförtroendet för att prestera, blir vi beroende av något som är lika oförutsägbart som våra egna känslor och upplevelser. Vad händer när detta självförtroende sviktar? Finns det något annat vi kan luta oss mot?

När självförtroende blir singularitetsfokus – det vill säga den enda dimensionen vi förlitar oss på för att lyckas – ignorerar vi kanske andra viktiga faktorer. Vi riskerar att förbise värdet av hårt arbete, processfokusering och lärande, och istället bli alltför beroende av något som kan raseras av tillfälliga motgångar. Kan vi verkligen bygga hållbar framgång på en grund som är så skör?

För att skapa en mer stabil grund för vårt presterande behöver vi reflektera över andra aspekter som kan vara lika viktiga som självförtroende, om inte viktigare. Här är några tankar kring vilka pelare vi kan bygga vår prestation på för att göra oss mer resilienta och motståndskraftiga.

Hårt arbete är en faktor som är betydligt mer pålitlig än självförtroende. Genom att ständigt arbeta mot våra mål och disciplinerat följa våra träningsplaner bygger vi upp en solid grund för framgång. Detta arbete blir en källa till trygghet när självförtroendet svajar, för även när vi tvivlar på oss själva kan vi alltid lita på den insats vi har lagt ner.

Att fokusera på processen snarare än på resultatet kan vara en annan stabil grund för prestation. Genom att värdera varje steg på vägen och sätta små delmål blir vår resa mer tillfredsställande och mindre beroende av omedelbara resultat. Vi flyttar vårt fokus från yttre bedömning till inre tillväxt och njutning av det vi gör.

Ett starkt nätverk av stöd kan vara avgörande för att skapa stabilitet. Att ha mentorer, tränare eller lagkamrater som stöttar oss kan hjälpa oss att hålla balansen även när vårt självförtroende vacklar. Dessa relationer ger oss påminnelser om vårt värde och hjälper oss att hitta tillbaka när vi känner oss vilsna.

En av de mest kraftfulla inställningarna vi kan ha är en tillväxtmentalitet. Genom att se varje utmaning som en möjlighet att lära och växa, blir vi mindre rädda för att misslyckas. Att omfamna lärande som en ständig process gör att vi alltid kan fortsätta framåt, oavsett om vårt självförtroende är på topp eller inte.

Intern motivation, drivkraften som kommer från vårt inre snarare än från yttre belöningar eller bekräftelse, är en annan stabil grund för prestation.

När vi vet varför vi gör något och känner en djup mening i våra handlingar, blir vi mindre beroende av självförtroende och mer fokuserade på det som verkligen betyder något för oss.

För att uppnå långsiktig framgång och stabilitet behöver vi reflektera över var vi placerar vårt fokus. Självförtroende är viktigt, men det måste balanseras med andra fundamentala aspekter av presterande. Genom att diversifiera våra grundvalar skapar vi en mer motståndskraftig och hållbar strategi.

Genom att vara medvetna om var vi lägger vår energi och hur vi förlitar oss på olika aspekter av vår personlighet, kan vi göra medvetna justeringar när vi märker att vi blir alltför beroende av en enda faktor. Hur kan vi aktivt utveckla de andra pelarna i vårt presterande för att skapa en mer balanserad helhet?

Genom att kombinera hårt arbete, processfokusering, stöd från andra, lärande och inre motivation, kan vi skapa en stabil plattform att stå på, oavsett hur vårt självförtroende ser ut för dagen. Detta mångfacetterade förhållningssätt kan hjälpa oss att prestera bättre och hålla oss mentalt friska i längden.

Självförtroende är kraftfullt, men det är också flyktigt och skört. Att förlita sig enbart på självförtroende för att prestera kan skapa en instabil grund som lätt rubbas av motgångar och yttre omständigheter. Genom att reflektera över och integrera andra fundamentala pelare för vårt presterande – såsom hårt arbete, processfokusering, mentorskap, lärande och intern motivation – kan vi bygga en mer balanserad och hållbar väg mot framgång.

Reflektera över: Hur stor del av min prestation bygger på självförtroende, och hur kan jag diversifiera de grundvalar jag förlitar mig på? Vilka strategier kan jag använda för att integrera fler aspekter i min utveckling och skapa en starkare, mer hållbar plattform för framgång? Genom att fundera över dessa frågor och implementera insikterna i din träning och ditt liv, kan du utveckla en mer motståndskraftig och långvarig väg mot dina mål.

Plats för dina tankar: Använd denna sida för att skriva dina egna tankar, insikter eller frågor kapitlet väckt.

Språkets Kraft Och Mental Utveckling

Språket vi använder är mer än bara ord; det är ett verktyg som formar våra tankar, handlingar och identitet. Inom idrottens värld blir detta tydligt när vi betraktar de mest framstående utövarna. De pratar, tänker och uttrycker sig på sätt som speglar en djupare mental utveckling och förståelse för deras sport. Men vad gör vi om vi inte har direkt tillgång till dessa individer, om vi inte kan träna eller umgås med dem som redan nått denna nivå? Hur kan vi själva nå en sådan nivå av mental mognad och förståelse? I detta kapitel utforskar vi språkets kraft i förhållande till mental utveckling och reflekterar över vägar att uppnå den insikt som krävs för att växa, både som idrottare och som människa.

Språket är inte bara ett medel för att kommunicera; det är också en spegling av hur vi tänker och hur vi relaterar till vår omvärld. Erfarna idrottare använder ett specifikt språk – en terminologi som bär med sig deras erfarenheter, mentala modeller och strategier. Detta språk är ofta en återspegling av åratal av träning, reflektion och förståelse.

Inom varje sport utvecklas ett språk som är unikt för dess utövare. Detta handlar inte bara om tekniska termer utan också om hur man talar om mindset, prestation och tillvägagångssätt. För de som är nya i en sport eller på en lägre nivå kan detta språk verka komplicerat eller till och med gå över huvudet. Men ju mer man förstår detta språk, desto mer avslöjar det de underliggande mentala modellerna och den filosofi som driver de bästa framåt.

Språket en idrottare använder avslöjar även de mentala modeller och interna narrativ som styr deras prestationer. Det handlar inte bara om att veta vilka tekniker man ska använda, utan om att förstå varför de fungerar och hur de passar in i en bredare strategi. De bästa idrottarna har internaliserat dessa modeller så djupt att de kan uttrycka komplexa koncept på ett enkelt och självklart sätt. Hur kan vi då, som aspirerande idrottare, nå denna nivå av mental utveckling om vi inte har direkt tillgång till dessa mästare?

Om vi inte kan träna med de bästa, hur kan vi då närma oss deras nivå av förståelse? Svaret ligger delvis i att utveckla vårt eget språk, vår förståelse och våra mentala modeller genom självstudier, reflektion och att aktivt söka efter kunskap.

En väg till mental mognad är att engagera sig i självstudier och reflektion. Läsning av böcker, studier av intervjuer och att analysera de bästa idrottarna kan ge insikter om hur de tänker och vad som driver dem. Att reflektera över deras tankesätt och jämföra det med dina egna kan hjälpa dig att börja forma ditt eget språk och mentala modeller. Hur kan du använda de idéer du lär dig för att förbättra ditt eget spel, både tekniskt och mentalt?

För att bygga upp en stark mental grund kan du använda tekniker som visualisering, mindfulness och mental förberedelse. Genom att systematiskt träna ditt sinne kan du börja utveckla den inre dialog och det språk som behövs för att förstå din sport på en djupare nivå. Hur kan du skapa ett dagligt mentalt träningsprogram som stödjer din utveckling?

Vi lever i en tid där teknik gör det möjligt att lära av de bästa, även på avstånd. Genom att följa karriärer, titta på intervjuer och analysera tävlingar kan du få tillgång till de tankar och strategier som driver mästare framåt. Använd teknik för att skapa ett "virtuellt" mentorskap – där du lär av dem som är på högsta nivå, även om ni aldrig möts ansikte mot ansikte.

Att förstå språkets roll i mental utveckling handlar inte bara om att lära sig termer och uttryck, utan om att inse hur språket formar och reflekterar vår verklighet. Ju mer vi utvecklar vårt språk, desto mer nyanserad blir vår förståelse av världen och oss själva.

När vi lär oss att uttrycka oss bättre, förstår vi också bättre. Vårt språk hjälper oss att sätta ord på komplexa idéer och att formulera strategier som tidigare var vaga och otydliga. Hur kan du utveckla ditt eget språk för att bättre spegla den förståelse du vill uppnå?

Språket vi använder om oss själva påverkar vår självbild och våra prestationer. Genom att ändra hur vi pratar om oss själva och våra mål kan vi förändra hur vi uppfattar och hanterar utmaningar. Är ditt språk byggt på positiva, konstruktiva idéer, eller begränsar det dig genom negativa och destruktiva tankemönster?

För att på ett konkret sätt integrera dessa idéer i din vardag kan du överväga följande steg: Att skriva ner dina tankar och insikter kan hjälpa dig att utveckla ett mer nyanserat språk och förbättra din mentala mognad. Använd journalföring för att analysera dina framsteg, identifiera utmaningar och formulera nya mål.

Var inte rädd för att söka feedback från mentorer, tränare eller lagkamrater. Genom att förstå hur andra ser på ditt spel kan du utveckla nya insikter och anpassa ditt språk och tänkesätt därefter.

Ställ ständigt frågor och utmana dina egna antaganden. Nyfikenhet är en kraftfull drivkraft för mental utveckling. Vilka frågor kan du ställa idag som kan öppna dörrar till djupare förståelse?

Språkets kraft i mental utveckling är både subtil och djupgående. Genom att aktivt arbeta med att utveckla ditt eget språk, fördjupa din förståelse och sträva efter kontinuerlig förbättring kan du närma dig den nivå av mental mognad och insikt som kännetecknar de bästa idrottarna. Men detta kräver både medveten ansträngning och en vilja att ständigt utmana och förnya ditt tänkande.

Ställ dig frågan: Hur kan jag utveckla ett språk som speglar den idrottare jag vill bli? Vilka steg kan jag ta för att närma mig den mentala mognad som krävs för att nå mina högsta mål? Genom att fundera över dessa frågor och agera på dem kan du gradvis bygga den inre styrka och förståelse som krävs för att bli den bästa versionen av dig själv – både på och utanför planen.

Plats för dina tankar: Använd denna sida för att skriva dina egna tankar, insikter eller frågor kapitlet väckt.

För Att Få Kontroll Måste Man Släppa Kontroll?

Vi lever i en värld som ofta uppmanar oss att ta kontroll över våra liv. Vi lär oss att framgång är beroende av vår förmåga att planera, organisera och förutse varje möjlig utmaning. Men samtidigt som vi strävar efter att få kontroll, uppstår en paradox: Ju mer vi försöker styra varje detalj, desto mer stressade, låsta och ofria känner vi oss. Kan det vara så att verklig kontroll inte handlar om att styra allt, utan snarare om att våga släppa taget? Vad innebär det egentligen att släppa kontrollen och hur kan ett sådant till synes riskabelt val leda till en djupare och mer genuin form av kontroll.

Vi försöker kontrollera våra liv av goda skäl. Det ger oss en känsla av säkerhet, ett sätt att förhindra att oväntade händelser kastar oss ur balans. Men i vår strävan efter att kontrollera allt kan vi fastna i en fälla. Ju mer vi försöker kontrollera, desto mer inser vi hur begränsad vår verkliga makt är. Livet är fyllt av oförutsedda händelser – saker vi aldrig kan planera för eller påverka. Och när vi klamrar oss fast vid kontrollen över varje detalj, förlorar vi ofta förmågan att vara flexibla, spontana och närvarande i nuet.

Hur ofta har vi inte upplevt att våra försök att styra allt leder till att vi förlorar det vi försöker hålla fast vid? Vi kan planera varje minut av vår dag, men om något oväntat inträffar, rubbas hela vår plan. Är det då verkligen kontroll vi har, eller är det bara en illusion? Kan det vara så att ju mer vi försöker hålla allt under kontroll, desto längre bort från verklig harmoni och frihet kommer vi? Inom idrotten uppstår liknande paradoxer. Hur kan en idrottare som är besatt av att kontrollera varje rörelse hamna i en situation där de snarare begränsar sin prestation än optimerar den?

Kontroll är ett begrepp som ofta lyfts fram som en förutsättning för framgång inom idrott. Tränare talar om att kontrollera sitt spel, idrottare arbetar med att behärska sina tekniker, och alla strävar efter att ha mental kontroll över sina tankar och känslor. Men finns det situationer där kontrollen, istället för att hjälpa, kan stå i vägen för prestation och utveckling? Kan det vara så att de bästa prestationerna ofta sker när vi vågar släppa kontrollen, lita på vår förberedelse och låta spelet flöda naturligt?

Inom idrotten hör vi ofta om vikten av att kontrollera spelet – att bestämma tempot, hålla bollen i laget, eller se till att matchen utvecklas på våra villkor. Att kontrollera dessa yttre aspekter är ofta en central del av att dominera en match. Men när går detta fokus på kontroll från att vara en styrka till att bli en begränsning?

Men vad händer om vi istället vågar släppa den överdrivna kontrollen? Kan det vara så att när vi tillåter oss själva att lita på vår träning och vår intuition, blir vi bättre idrottare? Kanske är det i de ögonblick då vi släpper taget och tillåter spelet att flöda naturligt som vi når våra toppprestationer.

Det är inte bara i stressiga tävlingssituationer som överdriven kontroll kan bli ett hinder. Inom många idrotter är kreativitet och improvisation avgörande för att nå framgång. En fotbollsspelare som försöker följa ett strikt taktiskt schema kan missa öppningar för oväntade passningar eller dribblingar som kan bryta upp motståndarens försvar.

När spelare vågar släppa den strukturerade kontrollen och istället litar på sina instinkter, öppnar sig nya möjligheter. Genom att vara i nuet, att reagera spontant på det som händer snarare än att försöka förutse varje steg, kan de skapa magi på planen. Kanske är det just denna balans – mellan struktur och frihet – som definierar de största stjärnorna.

Frågan är: Hur vet vi när vi ska hålla fast vid kontrollen och när vi ska släppa den? Det är en fin linje mellan att vara förberedd och att bli överanalyserande. Det finns en punkt där vår strävan efter perfektion går från att hjälpa oss till att hindra oss. Är det kanske så att de bästa idrottarna är de som vet när de ska lita på sin träning och intuition, och när de behöver ta ett steg tillbaka och låta spelet komma till dem?

Att släppa kontroll handlar inte om att bli passiv eller ge upp sin strävan efter framgång. Det handlar snarare om att hitta den där balansen mellan förberedelse och tillit, mellan att planera och att vara flexibel. Ibland kan den bästa formen av kontroll vara att inte försöka styra varje liten detalj, utan att vara öppen för det oväntade och ha modet att lita på processen.

Att spela med kontroll är viktigt – det ger struktur, stabilitet och en känsla av säkerhet. Men att förstå när det är dags att släppa kontrollen kan vara den avgörande faktorn som tar en idrottare från bra till mästare. Genom att öva på att känna när kontrollen börjar begränsa istället för att hjälpa, kan vi lära oss att släppa taget vid rätt tidpunkt. Kanske handlar det om att lita mer på oss själva, på vår träning och på vår förmåga att reagera naturligt och intuitivt när det verkligen gäller.

Tänk efter: Var i din idrott håller du fast vid kontrollen för mycket? Vad skulle hända om du vågade släppa taget lite mer och lät spelet flöda? Genom att reflektera över dessa frågor kan du börja upptäcka en ny dimension av både frihet och prestation – en där du inte bara kontrollerar spelet, utan också lär dig att följa det med lätthet och glädje.

Plats för dina tankar: Använd denna sida för att skriva dina egna tankar, insikter eller frågor kapitlet väckt.

Att Spela på en Ledning

I idrottens värld finns det få situationer som är så svåra som att spela på en ledning i en väldigt viktig tävling eller match. Att ha fördelen, att vara i ledning, borde i teorin vara den mest önskvärda positionen. Ändå ser vi gång på gång hur idrottare, till och med de som tillhör världstoppen, tappar självklara ledningar i viktiga matcher. Detta fenomen väcker djupgående frågor om den mänskliga naturen, psykologins roll i prestationer, och den inneboende komplexiteten i att förvalta framgång.

Att ha en ledning i en väldigt viktig tävling borde innebära en känsla av kontroll och trygghet. Du är i en position där segern verkar inom räckhåll, och allt du behöver göra är att bibehålla ditt spel. Men i verkligheten kan denna position vara en av de mest psykiskt påfrestande.

När du leder en match eller en tävling, förändras ditt mentala fokus oftast från att attackera och prestera till att försvara och bevara. Istället för att fortsätta spela med samma aggressivitet och frihet som tog dig till ledningen, kanske du börja spela defensivt, mer fokuserad på att undvika misstag än på att vinna. Varför är det så svårt att fortsätta spela offensivt när du har ledningen? Varför blir vi så ofta försiktiga när vi har mest att förlora?

När du leder börjar ofta en ny typ av press uppstå – den inre pressen att leva upp till förväntningarna om att vinna. Ju större ledningen är och ju viktigare matchen eller tävlingen är, desto mer ökar medvetenheten om vad som står på spel. Denna ökade självmedvetenhet kan störa det flow-tillstånd som är avgörande för toppprestationer. Vad händer i vårt psyke när vi blir alltför medvetna om vår ledning? Hur påverkar denna medvetenhet vår förmåga att behålla fokus och prestation?

Att leda innebär ofta att du har funnit ett vinnande koncept, en strategi som har fungerat hittills. Men spelet är dynamiskt, och motståndarna kan anpassa sig och förändra sin strategi. Att spela på en ledning innebär att du måste vara redo att anpassa dig utan att tappa din fördel. Varför är det så svårt att anpassa sig när du leder? Hur kan rädslan för att ändra ett vinnande koncept leda till att du tappar fördelen?

Att spela på en ledning är inte bara en fråga om taktik och strategi – det är också en djupgående filosofisk utmaning som rör vår relation till framgång och vår rädsla för förlust. Är ledning egentligen bara en illusion, något som vi uppfattar som en fördel men som i verkligheten är en tung börda? När vi leder, kan vi börja känna att vi har något att förlora, något som vi desperat försöker hålla fast vid. Detta kan skapa en rädsla som hämmar vårt spel. Är det möjligt att se ledning som ett tillfälligt tillstånd snarare än en säker position? Hur skulle denna inställning påverka vårt sätt att spela?

När vi har en ledning ökar förväntningarna – både från oss själva och från andra. Detta kan skapa en psykologisk tyngd som gör det svårare att fortsätta prestera på topp. Hur mycket av den svårighet vi upplever när vi spelar på en ledning kommer från andras förväntningar jämfört med våra egna? Kan vi lära oss att frigöra oss från dessa förväntningar och istället fokusera på vårt eget spel?

När vi leder ställs vi inför en av idrottens mest utmanande frågor: Ska vi fortsätta spela modigt och risktagande, eller ska vi vara försiktiga och skydda vår ledning? Detta är ett moraliskt och filosofiskt dilemma där svaret inte alltid är tydligt. Var går gränsen mellan att spela modigt och att vara dumdristig? Hur kan vi hitta balansen mellan att spela aggressivt och att försvara klokt när vi har något att förlora?

För att framgångsrikt kunna spela på en ledning krävs en kombination av mental styrka, taktisk förståelse och emotionell balans. En vanlig fallgrop när man leder är att ändra sitt spel för att "spela säkert". Men ofta är det som tog dig till ledningen det som också kommer att hålla dig där. Genom att fortsätta med det som fungerade, snarare än att bli defensiv, kan du behålla ditt momentum.

Istället för att tänka på vad en vinst skulle innebära, fokusera på själva spelet – på varje rörelse, varje beslut. Genom att hålla ditt fokus på processen snarare än resultatet, kan du minimera den psykologiska tyngden av att leda. Använd mental träning och visualisering för att förbereda dig för att spela på en ledning. Genom att mentalt genomföra scenarier där du behåller din ledning, kan du stärka ditt självförtroende och skapa en mental karta för hur du ska agera under press.

Att spela på en ledning är en av de mest komplexa och utmanande situationerna i idrotten. Det kräver inte bara teknisk och taktisk skicklighet, utan också en djupgående förståelse för det mänskliga psyket och våra egna rädslor och förväntningar. Genom att reflektera över vad det innebär att ha en ledning, och genom att utforska de filosofiska frågor som uppstår i dessa situationer, kan vi utveckla en djupare förståelse för hur vi kan hantera dessa utmaningar och förvandla våra ledningar till segrar.

Fundera på: Vad är det som verkligen gör det så svårt att spela på en ledning? Hur kan jag arbeta med mina egna tankar, förväntningar och rädslor för att bli bättre på att hantera dessa situationer? Genom att reflektera över dessa frågor kan du börja utveckla den mentala styrka och klarhet som krävs för att inte bara ta ledningen, utan också behålla den och förvandla den till en varaktig seger.

Plats för dina tankar: Använd denna sida för att skriva dina egna tankar, insikter eller frågor kapitlet väckt.

Att Vara Sitt Resultat

Inom idrottens värld är det vanligt att idrottare förknippar sin identitet och sitt värde med sina resultat. Att vara sitt resultat innebär att se sitt egenvärde och sin självbild som direkt kopplade till hur man presterar på tävlingsbanan. Detta förhållningssätt kan vara både en stark drivkraft och en källa till stor fara. Vad innebär det egentligen att vara sitt resultat, och vilka konsekvenser kan det få för den enskilda idrottaren, både positivt och negativt? Låt oss utforska denna fråga och reflektera över den komplexa relationen mellan prestation och identitet, och samtidigt ställa oss frågan: Finns det en balans där prestationer kan vara en del av vår identitet utan att helt definiera den?

Att identifiera sig med sina resultat kan fungera som en kraftfull motivator. För många idrottare är strävan efter att förbättra sina prestationer och uppnå sina mål en central del av deras liv. Men vad händer när hela din identitet är knuten till det du presterar? Kan denna koppling mellan identitet och resultat fungera som en positiv drivkraft, eller skapar det en farlig väg där varje motgång blir ett existentiellt hot?

När man ser sig själv som sitt resultat, kan det skapa en stark känsla av fokus och målmedvetenhet. Varje träning, varje tävling blir en möjlighet att bevisa sitt värde och att uppnå något större. Denna drivkraft kan leda till intensiv disciplin, hårt arbete och ett kompromisslöst engagemang för att nå toppen. Att ständigt sträva efter att vara bättre än dagen innan kan vara den eld som driver idrottaren framåt, över hinder som skulle kunna stoppa andra. Men vad händer om denna drivkraft inte balanseras? Finns det en punkt där jakten på resultatet börjar äta upp glädjen och passionen för sporten? Är det möjligt att vara målmedveten utan att låta målen bli din enda identitet?

När en idrottare lyckas och presterar väl, kan kopplingen mellan identitet och resultat förstärka självförtroendet. Framgång blir en bekräftelse på ens värde och förmåga, vilket kan skapa en positiv återkopplingsslinga som driver vidare utveckling och prestation. Men hur stabil är denna känsla? Om ditt självförtroende är byggt på prestationer, vad händer då när resultaten uteblir? Finns det en risk att grunden för din självkänsla blir skör och beroende av ständiga framgångar? Kan du bygga ett självförtroende som står stadigt, även när resultaten inte går din väg?

Medan kopplingen mellan resultat och identitet kan vara en stark motivator, är den också fylld av potentiella fällor. När en idrottares självbild blir helt beroende av deras prestationer, kan det leda till djupgående psykologiska och emotionella konsekvenser. Att vara sitt resultat är att sätta hela sitt jag på spel varje gång man tävlar. Hur hållbart är detta i längden? Kan en sådan inställning leda till både framgång och fördärv?

Om hela ens identitet är knuten till resultat, blir misslyckanden förödande. Ett dåligt resultat eller en förlust kan kännas som ett personligt misslyckande, vilket kan leda till känslor av värdelöshet och skam. Denna sårbarhet gör att varje misstag, varje förlust, känns som ett slag mot ens självkänsla. Kan en idrottare som knyter sitt egenvärde så hårt till prestationer verkligen hantera motgångar på ett konstruktivt sätt? Hur påverkar det den mentala hälsan när en enskild förlust känns som en attack på ens egen identitet?

Att ständigt sträva efter resultat kan skapa en överdriven fokus på kortsiktiga mål på bekostnad av långsiktig utveckling och välmående. Jakten på snabba resultat kan leda till överträning, utbrändhet och fysiska skador, när idrottaren pressar sig själv att ständigt överträffa sina tidigare prestationer utan tillräcklig tid för återhämtning. Hur många idrottare har inte sett sina karriärer förkortas av denna obalans? Kan ett för starkt fokus på att alltid leverera på topp göra att man missar möjligheten att bygga en hållbar karriär och långsiktig utveckling?

När resultaten blir allt, riskerar idrottaren att förlora sin inre motivation och glädjen för själva sporten. När varje prestation bedöms utifrån ett yttre resultat, kan den inre drivkraften, passionen och kärleken till sporten börja urholkas. Vad händer med en idrottare som börjar känna att sporten bara handlar om att nå nästa resultat? Hur kan man återupptäcka glädjen och kärleken till sporten när allt känns som ett måste och en kamp för att upprätthålla sitt värde?

För de idrottare som starkt identifierar sig med sina resultat, kan det bli extremt svårt att hantera övergången när karriären tar slut. Om ens hela identitet har varit knuten till prestationer, kan avslutandet av idrottskarriären leda till en känsla av tomhet och förlust av mening. Vad händer när tävlingarna är över, när applåderna tystnar och när det inte längre finns några resultat att jaga? Hur bygger man en ny identitet när den gamla har varit så starkt kopplad till framgångar som nu ligger i det förflutna?

För att förstå de djupare konsekvenserna av att vara sitt resultat, är det viktigt att reflektera över relationen mellan identitet och prestation. Är det möjligt att ha en sund balans där prestationerna får vara en del av ens identitet utan att helt definiera den? Hur kan vi hitta en plats där vi både kan sträva efter att prestera på topp och samtidigt känna oss trygga i att vi är mer än våra resultat?

En mångfacetterad identitet innebär att vi ser oss själva som mer än bara våra prestationer. Vi är inte bara idrottare, utan också en vän, familjemedlemmar och individer med olika intressen och förmågor. Genom att odla andra delar av vår identitet kan vi skapa en mer balanserad självbild som är mindre sårbar för misslyckanden. Hur kan du bygga en identitet som inkluderar mer än bara dina idrottsliga framgångar? Kan du hitta glädje och tillfredsställelse i andra aspekter av ditt liv som kan komplettera din idrottsliga strävan?

Att odla en stark inre motivation, där drivkraften kommer från passionen för sporten snarare än från yttre resultat, kan hjälpa till att balansera trycket att prestera. Den inre motivationen kan fungera som en stabil grund även när de yttre resultaten varierar. Hur skulle ditt förhållningssätt till idrotten förändras om du återknyter kontakten med den glädje och passion som en gång fick dig att börja? Kan du hitta en balans mellan att sträva efter framgång och att njuta av resan oavsett resultat?

Ingen är perfekt, och ingen kan alltid prestera på topp. Att acceptera sina egna begränsningar och ofullkomligheter är en viktig del av att hantera livet som idrottare. Genom att acceptera att vi kommer att misslyckas ibland, kan vi bygga en mer resilient och hållbar mentalitet. Hur kan du träna ditt sinne att omfamna misslyckanden som en del av processen? Är det möjligt att se misslyckanden som en naturlig del av utvecklingen snarare än ett hot mot din identitet?

För att undvika de negativa konsekvenserna av att vara sitt resultat, kan idrottare överväga några praktiska strategier för att skapa en sundare relation till sina prestationer.

Istället för att bara sätta mål som är kopplade till resultat, överväg att sätta mål som också handlar om personlig utveckling, lärande och långsiktig tillväxt. Detta kan hjälpa till att minska trycket att prestera och öka fokus på process och förbättring. Vad skulle hända om dina mål inte bara handlade om att vinna, utan också om att växa som människa? Hur skulle din idrottsupplevelse förändras om du såg varje tävling som en lärdom snarare än en dom?

Regelbunden reflektion över varför du gör det du gör kan hjälpa till att hålla din motivation förankrad i något djupare än bara resultat. Självmedvetenhet om dina egna tankar och känslor kring prestationer kan hjälpa dig att hantera press och motgångar på ett mer konstruktivt sätt. Hur ofta stannar du upp och frågar dig själv varför du fortsätter? Vad driver dig egentligen, och hur kan du säkerställa att din motivation är hållbar?

Att ha ett starkt nätverk av stöd, inklusive tränare, mentorer, vänner och familj, kan hjälpa dig att få perspektiv när det gäller dina prestationer. De kan påminna dig om ditt värde som person, oavsett dina resultat. Hur mycket påverkas din självkänsla av andras åsikter? Kan du omge dig med människor som hjälper dig att se ditt värde även när du inte presterar på topp?

Att vara sitt resultat är en vanlig och förståelig hållning inom idrott, men det är också en som kan leda till allvarliga psykologiska och emotionella konsekvenser. Genom att reflektera över och balansera vår relation till prestationer, kan vi skapa en sundare självbild som inte är lika sårbar för misslyckanden och som kan leda till en mer hållbar och meningsfull karriär.

Ta en stund att tänka på: Hur påverkar dina prestationer din självbild? Kan du hitta en balans där du strävar efter att prestera på topp, men samtidigt ser dig själv som mer än bara dina resultat? Genom att reflektera över dessa frågor och göra medvetna val om hur du relaterar till dina prestationer, kan du bygga en starkare, mer motståndskraftig identitet som hjälper dig att bemästra både framgång och motgång med större inre frid.

Plats för dina tankar: Använd denna sida för att skriva dina egna tankar, insikter eller frågor kapitlet väckt.

Hantera Påtvingade Vägar

I livet, och särskilt inom idrott, kan vi ibland se saker på ett sätt som skiljer sig från andras perspektiv. Vi kan ha en unik syn på hur vi ska nå våra mål eller övervinna utmaningar. Men trots vår övertygelse om att vi har en bättre väg framåt, kan vi känna oss tvingade att anpassa oss till andras idéer om vad som är bäst. Detta skapar ofta en inre konflikt och en känsla av att inte kunna vara trogen mot sig själv och sina idéer. Hur hanterar vi en sådan situation? Hur kan vi navigera dilemmat där vi har något unikt att erbjuda men inte ges utrymme att utforska det? I detta kapitel utforskar vi denna fråga och funderar över hur vi kan behålla vår integritet och kreativitet när vi möter påtvingade vägar.

Att tvingas in i en box innebär att vi anpassar oss till en väg som andra har bestämt – oavsett om det gäller träningsmetoder, strategiska beslut eller sättet vi ska tänka. Konformitet, även om den ibland är nödvändig för att fungera i en grupp eller ett lag, kan kväva kreativitet och innovation. Men att bryta sig loss från denna konformitet innebär också risker och kan ibland vara obekvämt. Här uppstår en central filosofisk fråga: Hur kan vi balansera behovet av att passa in med vår önskan att utforska egna vägar?

Människor har en naturlig instinkt att vilja passa in och bli accepterade av gruppen. När vi tvingas anpassa oss till andras idéer kan det vara av rädsla för att sticka ut eller för att undvika socialt eller professionellt straff. Men vad förlorar vi när vi tystar vår egen röst? Om vi hela tiden undertrycker våra unika insikter och perspektiv, riskerar vi att tappa bort det som gör oss genuint kreativa och innovativa. Är det värt att passa in om det innebär att vi förlorar vår egen autenticitet?

Att känna sig tvingad in i en box kan skapa en känsla av att vara instängd eller kvävd. När vi inte ges möjlighet att uttrycka våra idéer eller följa vår egen väg kan detta leda till frustration, minskad motivation och en djup känsla av meningslöshet. Denna situation blir särskilt utmanande för dem som har en stark inre drivkraft att skapa, innovera och tänka fritt. Vad gör vi när vi känner att vår potential begränsas av andras förväntningar eller av strukturer som inte tillåter oss att utforska våra egna idéer? Hur hittar vi friheten att vara oss själva när vi känner att vi tvingas följa en väg som inte resonerar med oss?

Det är avgörande att reflektera över var gränsen går mellan att anpassa sig och att bevara sin egen autonomi. Hur kan vi hantera situationer där vi känner oss tvingade att gå en väg som inte harmoniserar med vår egen syn på vad som är bäst? Och hur kan vi hålla fast vid vår självrespekt och integritet, även när vi anpassar oss till andras förväntningar?

Autonomi handlar om att ha kontroll över sina egna beslut och att kunna agera i enlighet med sina egna värderingar och övertygelser. Att bevara sin autonomi, även i situationer där vi måste anpassa oss, är avgörande för att upprätthålla självrespekt och inre frid. Hur kan vi fortsätta att fatta beslut som är trogna våra värderingar, även när vi tvingas följa en väg som inte känns helt rätt? Finns det sätt att integrera våra egna idéer i det som förväntas av oss, så att vi kan känna oss mer i harmoni med våra handlingar?

Ibland kan det vara nödvändigt att tillfälligt anpassa sig till andras förväntningar utan att överge våra egna idéer eller övertygelser. Genom strategisk anpassning kan vi navigera situationer där vi måste följa en viss väg, samtidigt som vi förbereder oss för att senare kunna följa vår egen väg när tiden är mogen. Kan vi se anpassning som en medveten strategi snarare än ett nederlag? Och kan vi använda tiden av konformitet till att bygga upp våra resurser och förbereda oss för att kunna gå vår egen väg på sikt?

Begränsningar kan ibland stimulera kreativitet. Hur kan vi hitta sätt att uttrycka våra unika idéer och perspektiv inom de ramar vi tvingas arbeta inom? Kan vi använda boxen som en plattform för att subtilt introducera nya idéer och metoder? Kanske kan vi använda begränsningarna som en utmaning för att tänka ännu mer innovativt, och därigenom hitta lösningar som är både trogna våra egna övertygelser och acceptabla för omgivningen.

Att navigera i situationer där vi känner oss tvingade att följa en viss väg kräver både strategiskt tänkande och inre styrka. Här är några sätt att hantera sådana situationer på ett konstruktivt sätt. Att kommunicera sina idéer och övertygelser tydligt och respektfullt kan ibland öppna upp för kompromisser. Kanske kan du förhandla fram en lösning där du får testa dina idéer parallellt med den etablerade vägen. Genom öppen dialog kan du ibland skapa utrymme för nya idéer utan att helt avvika från det som förväntas. Hur kan du bli bättre på att kommunicera din vision på ett sätt som andra kan förstå och acceptera?

Om det inte är möjligt att följa din egen väg i ett formellt sammanhang, kan du överväga att utveckla dina idéer och metoder parallellt på egen hand. Detta kan innebära att du arbetar på dina egna projekt eller utforskar dina idéer utanför den etablerade ramen. Hur kan du skapa tid och utrymme för att fortsätta utforska dina idéer, även när du tvingas följa en annan väg offentligt?

Ibland kan vi inte ändra den yttre situationen, men vi kan alltid arbeta med vår inre styrka och övertygelse. Genom att upprätthålla en stark tro på våra egna idéer, även när vi måste anpassa oss, kan vi bevara vår känsla av integritet och självrespekt. Hur kan du stärka din inre övertygelse så att du inte förlorar dig själv i konformiteten, även när du anpassar dig till yttre krav?

Att känna sig tvingad in i en box, där man måste följa en väg som andra har bestämt, är en utmanande och ibland frustrerande upplevelse. Men genom att reflektera över vår egen autonomi, genom att strategiskt anpassa oss och genom att hitta kreativa sätt att uttrycka våra idéer inom begränsningar, kan vi hantera dessa situationer på ett sätt som bevarar vår inre styrka och integritet.

Tänk efter: Hur kan jag bevara min autonomi och integritet när jag känner mig tvingad att följa en viss väg? Vilka strategier kan jag använda för att uttrycka mina unika idéer, även inom begränsade ramar? Genom att reflektera över dessa frågor kan du finna vägar att hantera påtvingade situationer med större självrespekt och mod, samtidigt som du fortsätter att utforska och utveckla din egen väg framåt.

Plats för dina tankar: Använd denna sida för att skriva dina egna tankar, insikter eller frågor kapitlet väckt.

Söka Hjälp När Ingen Förstår

När vi strävar efter att bli riktigt bra på något, och kanske till och med utforskar helt nya vägar där ingen tidigare har gått, uppstår oundvikligen problem och svårigheter. Dessa problem kan vara komplexa och unika, och ofta finns det ingen omkring oss som helt förstår dem. Hur ska vi då söka hjälp? Hur kan vi få stöd när vi är på en resa där ingen annan har gått före oss, där våra problem är så nya och outvecklade att ingen annan har de rätta svaren? Denna fråga är inte bara relevant för idrottens värld utan också för alla som söker att nå nya höjder inom sitt område. Det är en utmaning som kräver både kreativt tänkande och en djup reflektion över vad hjälp och stöd egentligen innebär.

Att vara en pionjär innebär att man rör sig i okänd terräng, där varje steg är nytt och där det ofta saknas vägledande erfarenheter att luta sig mot. Detta kan vara både spännande och utmanande, men det innebär också att man ibland står ensam med problem som ingen annan kan relatera till eller förstå. När vi inte kan förlita oss på tidigare erfarenheter, hur finner vi då de verktyg vi behöver för att fortsätta framåt?

Att vara en pionjär kan också innebära en känsla av isolering. Vi möter problem som är unika för vår väg, vilket gör att de vanliga stödsystemen kanske inte räcker till. Hur bryter vi denna isolering? Kan det vara så att ensamheten inte bara är en del av pionjärens resa utan också en förutsättning för att verkligen bryta ny mark? Samtidigt, hur undviker vi att fastna i vår egen bubbla och bli blinda för insikter som kan komma från andra, även om de inte har gått just vår väg?

Traditionella stödstrukturer som tränare, mentorer eller experter kan vara avgörande i många situationer. Men vad händer när deras kunskap och erfarenheter inte täcker det område vi utforskar? När vi går bortom det kända, måste vi ofta själva bli de som skapar nya svar och lösningar. Men kan det fortfarande finnas värde i att lyssna på råd från dem som inte helt förstår vårt problem? Kan deras perspektiv ändå öppna upp tankebanor som vi själva missat?

Att söka hjälp i situationer där ingen annan riktigt förstår våra problem kräver en djupare reflektion över vad hjälp egentligen innebär. Hjälp behöver inte alltid betyda att någon annan har svaren – ibland handlar hjälp mer om att få stöd i processen att hitta våra egna svar. Men vad gör vi när även detta stöd är begränsat?

Ibland är den bästa hjälpen inte den som ger oss direkta svar, utan den som hjälper oss att reflektera och se våra problem från nya perspektiv. Även om ingen annan har löst just detta problem förut, kan de fortfarande hjälpa oss att tänka djupare, ifrågasätta våra antaganden och se nya möjligheter. Kan det vara så att de största genombrotten inte sker genom att hitta rätt svar, utan genom att ställa rätt frågor? Hur kan vi lära oss att använda andras reflektioner som en spegel för att se vårt eget problem i ett nytt ljus?

När vi är pionjärer måste vi utveckla en stark känsla av självständighet och egenmakt. Vi måste vara villiga att lita på vår egen förmåga att lösa problem, även när ingen annan kan ge oss svaren. Detta kräver både mod och en stark tro på vår egen intuition och förmåga att hitta lösningar. Men var går gränsen mellan självförtroende och att envist hålla fast vid sina egna idéer utan att vara öppen för andras perspektiv? Kan vi odla en balans där vi både litar på vår egen väg, men också är öppna för att låta andra påverka vår resa?

Hjälp kan också komma genom samskapande. Även om ingen annan har löst vårt specifika problem, kan vi arbeta tillsammans med andra för att skapa något nytt. Genom kreativt tänkande och samarbete kan vi ofta hitta innovativa lösningar som vi kanske inte skulle ha upptäckt på egen hand. Men hur skapar vi miljöer där detta samskapande kan frodas? Och hur hittar vi rätt personer att samarbeta med, när vi letar efter svar som ingen ännu har funnit?

När vi står inför problem och svårigheter som är unika för vår resa, måste vi vara kreativa i hur vi söker hjälp och stöd. Här är några strategier som kan vara till hjälp.

Sök hjälp från människor med olika bakgrunder och erfarenheter. Även om de inte förstår ditt specifika problem, kan deras olika perspektiv ge dig nya insikter. Mångfald i tankesätt och erfarenhet kan leda till oväntade lösningar. Kan du tänka dig att hitta inspiration från områden som ligger långt från din egen idrott, till exempel från konst, vetenskap eller filosofi? Hur skulle sådana influenser kunna berika ditt tänkande och ge dig nya idéer?

Försök att förklara ditt problem för någon utanför ditt område. Att behöva sätta ord på något komplext för en icke-expert kan hjälpa dig att få klarhet och se nya aspekter av problemet. Ibland leder själva förklaringsprocessen till insikter. Kan du formulera ditt problem på ett sätt som är så enkelt att även någon utan bakgrund inom ditt område förstår det? Hur kan den processen hjälpa dig att se kärnan i ditt problem mer tydligt?

Många innovativa lösningar kommer från att titta utanför sitt eget fält. Läs om, studera och samtala med människor från andra discipliner. Kanske kan du hitta en analogi eller en idé från ett helt annat område som kan inspirera en lösning på ditt problem. Hur ofta söker du aktivt utmaningar och idéer som inte har någon direkt koppling till din idrott? Kan du börja leta efter inspiration på oväntade platser, och hur kan detta förändra ditt sätt att tänka kring dina utmaningar?

Använd journalföring och reflektion som verktyg för att bearbeta dina tankar och känslor kring problemet. Att skriva ner dina utmaningar kan hjälpa dig att strukturera dina tankar och identifiera mönster eller lösningar som inte var uppenbara tidigare. Hur ofta tar du dig tid att reflektera över dina upplevelser, inte bara för att lösa problem utan också för att förstå vad som driver dig? Kan du utveckla en vana av daglig reflektion som hjälper dig att hitta klarhet i kaotiska situationer?

Ibland är det viktigaste att lita på processen. Att lösa unika problem tar tid och kräver tålamod. Varje misslyckande eller felsteg är en del av lärandeprocessen. Genom att lita på att du kommer att hitta en lösning, även om vägen dit är oklar, kan du hålla fast vid din strävan och inte ge upp. Hur hanterar du osäkerheten när svaren inte är omedelbart tydliga? Kan du utveckla en inre tillit till att lösningen kommer, även om den inte är uppenbar just nu?

Att hantera problem och svårigheter som ingen annan har stött på innan är en utmaning som kräver både kreativitet och självförtroende. Genom att reflektera över vad hjälp verkligen innebär, och genom att söka stöd på ett sätt som är öppet och innovativt, kan vi övervinna även de mest unika utmaningarna. Men det kräver också mod att stå fast vid sin egen väg, även när den inte är tydligt utstakad.

Ställ dig frågan: Hur kan jag dra nytta av stöd och hjälp även när ingen annan förstår mitt specifika problem? Vilka strategier kan jag använda för att utveckla min egen förmåga att lösa problem, samtidigt som jag drar nytta av andras insikter och perspektiv? Genom att reflektera över dessa frågor kan du finna nya vägar att navigera svårigheter och fortsätta din resa mot dina mål, även när du är den första som går just den vägen.

Plats för dina tankar: Använd denna sida för att skriva dina egna tankar, insikter eller frågor kapitlet väckt.

Våga Göra Saker Annorlunda

För att nå exceptionella resultat krävs ofta något mer än att bara följa en etablerad väg. Det krävs mod att göra saker annorlunda, att bryta sig ur de normer och ramar som samhället sätter upp. Men att avvika från normen är inte alltid enkelt. Världen är byggd på en grund av etablerade strukturer och konventioner, och den som väljer att bryta sig loss riskerar att bli ifrågasatt eller till och med utfryst. Så hur hanterar vi detta dilemma? Hur navigerar vi spänningen mellan att sträva efter storhet och samtidigt utmana det som förväntas av oss?

Historien visar att de som lyckas förändra världen inom vetenskap, konst och idrott ofta har vågat gå sin egen väg. Men vad innebär det egentligen att tänka och göra saker annorlunda? Och varför är det så viktigt för att uppnå framgång?

De mest banbrytande framstegen har nästan alltid kommit från individer som vågat ifrågasätta det gängse tänkandet. Inom idrotten ser vi detta i form av nya träningsmetoder, unika tekniker eller innovativa strategier. Om alla alltid gör samma sak, hur kan då något nytt och bättre skapas? De som vågar tänka utanför boxen är ofta de som tar sporten, eller vilken disciplin det än gäller, till nästa nivå. Men frågan som uppstår är: Hur mycket mod krävs det för att trotsa traditioner och våga pröva något nytt? Och hur hanterar vi osäkerheten som kommer med att gå en väg som ingen annan tidigare har gått?

Att göra saker annorlunda innebär att vara villig att bryta mönster och ifrågasätta det som anses vara "rätt". Detta kan innebära att hitta lösningar som ingen annan ser, eller att utveckla metoder som skiljer sig från det som traditionellt har fungerat. Men vad händer om dessa metoder ifrågasätts av dem som försvarar status quo? Är du redo att möta motståndet som kommer med att sticka ut, och hur hanterar du känslan av att gå emot strömmen?

Att välja en annorlunda väg är inte utan sina utmaningar. Samhället är ofta uppbyggt för att belöna det som passar in, och när vi avviker från normen möter vi ofta både inre och yttre hinder. Människor har en naturlig tendens att vilja passa in. Den som gör saker annorlunda riskerar att bli ifrågasatt, ibland till och med utfryst. Rädslan för att bli sedd som "konstig" eller "annorlunda" kan vara stark och få oss att tveka inför att följa våra egna idéer. Hur hanterar vi detta sociala tryck? Är det möjligt att stå fast vid sina övertygelser utan att förlora kontakten med dem som kanske inte förstår ens synsätt? Och om vi väljer att anpassa oss, till vilket pris sker det?

Att gå utanför normen kan leda till en känsla av isolering. Det kan vara svårt att inte passa in, och detta kan skapa en inre konflikt mellan att vara trogen mot sig själv och att vilja bli accepterad av andra. Hur hanterar vi känslan av utanförskap när vi väljer att gå vår egen väg? Är det möjligt att omfamna denna känsla som en del av resan, eller riskerar vi att tappa vår inre drivkraft om vi känner oss för ensamma i vårt strävande?

Att göra saker annorlunda innebär också att ta risker. Det finns inga garantier för att det nya sättet kommer att fungera, och vi kan känna en stark osäkerhet inför vad resultatet kommer att bli. Är vi villiga att ta dessa risker för att nå något större? Hur bygger vi upp den mentala styrkan som krävs för att våga trotsa osäkerheten och stå fast vid våra val, även när vägen känns otydlig?

Att våga vara annorlunda är inte bara en fråga om att tänka utanför boxen; det är också en djupgående filosofisk utmaning. Det innebär att konfrontera frågor om identitet, individualitet och vårt behov av samhörighet. Att vara annorlunda kan vara ett uttryck för autenticitet – att vara trogen mot sig själv och sina övertygelser, oavsett vad andra tycker. Detta är centralt för självförverkligande. Men hur balanserar vi vår strävan efter autenticitet med behovet av social acceptans? Kan vi verkligen vara oss själva fullt ut, eller kräver livet att vi ibland kompromissar för att passa in?

Som människor är vi både individer och sociala varelser. Vi har ett behov av att uttrycka vår unika identitet, men också av att känna samhörighet med andra. Hur hittar vi en balans mellan att följa vår egen väg och samtidigt vara en del av en gemenskap? Kan vi vara både annorlunda och fortfarande känna oss hemma i ett större sammanhang? Eller innebär valet att vara annorlunda alltid en viss grad av ensamhet?

Att göra saker annorlunda innebär att vi ibland kommer att misslyckas. Modet att misslyckas är en avgörande del av resan mot framgång. Hur kan vi lära oss att se misslyckanden som steg på vägen, snarare än som slutgiltiga nederlag? Och hur kan vi utveckla en mental styrka som gör att vi vågar fortsätta även när vi möter motgångar?

För att framgångsrikt kunna bemästra de utmaningar som kommer med att göra saker annorlunda, kan vi överväga några praktiska strategier. En stark inre kompass är avgörande för att hålla kursen när vi möter motstånd. Genom självreflektion och en tydlig förståelse för våra värderingar och mål kan vi bygga upp en mental styrka som gör att vi står fast även när omvärlden tvivlar. Att hitta andra som också vågar tänka annorlunda kan ge oss stöd och inspiration. Genom att söka gemenskap med människor som delar vår vision eller som har liknande erfarenheter, kan vi bygga ett nätverk av stöd där vi kan växa och utvecklas.

Kritik och motstånd är oundvikliga när vi gör saker annorlunda. Istället för att se detta som ett hinder, kan vi använda det som en möjlighet att reflektera och förfina våra idéer. Hur kan vi utveckla en mentalitet där vi inte låter kritik påverka vårt självförtroende, utan istället använder den för att stärka och förtydliga vår väg framåt?

Att våga göra saker annorlunda innebär också att vara öppen för att lära och anpassa sig längs vägen. Vi måste vara villiga att justera vår kurs när vi får nya insikter och lärdomar, samtidigt som vi behåller kärnan i det som gör vår idé unik.

Att våga göra saker annorlunda är en väg fylld av både utmaningar och möjligheter. Det kräver mod att bryta sig ur etablerade mönster och att stå fast vid sina egna övertygelser, trots motstånd och tvivel. Men det är också genom att våga vara annorlunda som vi kan nå de högsta höjderna och göra verklig skillnad, både för oss själva och för världen omkring oss.

Fråga dig själv: Hur kan jag våga göra saker annorlunda i mitt eget liv? Vilka idéer eller metoder har jag som avviker från normen, och hur kan jag utveckla modet att följa dem? Genom att reflektera över dessa frågor och ta steg mot att förverkliga dina egna unika idéer, kan du inte bara uppnå storhet, utan också bidra till att förändra världen omkring dig.

Plats för dina tankar: Använd denna sida för att skriva dina egna tankar, insikter eller frågor kapitlet väckt.

När är Det Dags att Bryta Rutinen?

Det sägs ofta att om man gör samma saker får man samma resultat. Detta enkla men kraftfulla påstående rymmer en viktig insikt om utveckling och förbättring. Rutiner och upprepningar är grundläggande för att bemästra grunderna och skapa stabilitet. Men när vi når en viss nivå av skicklighet kan dessa rutiner, som en gång hjälpte oss att växa, börja hålla oss tillbaka. När är det då dags att bryta rutinen och börja göra saker annorlunda för att fortsätta utvecklas? Denna fråga handlar inte bara om träningsstrategi utan om djupare reflektion kring förändring, tillväxt och vår relation till det förutsägbara.

Rutiner är hjärtat i all inlärning och förbättring. Genom upprepning av samma rörelser och tekniker skapas ett starkt muskelminne, och färdigheter blir mer automatiska. Detta ger stabilitet och säkerhet, vilket är avgörande för att skapa en solid grund inom idrotten.

Upprepning är en av de mest effektiva metoderna för att lära sig och finslipa färdigheter. När vi gör samma sak om och om igen, fördjupar vi vår förståelse och skapar starka neurala kopplingar som gör rörelserna mer effektiva och naturliga. Men vad händer när denna effektivitet övergår till stagnation? Kan den trygghet som rutinen ger samtidigt bli ett hinder för vår fortsatta utveckling?

Rutiner skapar också en känsla av trygghet. När vi vet vad som förväntas och hur vi ska agera, bygger vi upp självförtroende och förutsägbarhet. Men stabilitet kan också leda till bekvämlighet. Är det möjligt att vi blir så vana vid våra rutiner att vi missar möjligheter till förändring? När blir tryggheten som rutinen erbjuder istället en fälla som hindrar oss från att våga prova nya saker?

Förändring är nödvändig för tillväxt, men den medför också osäkerhet och risker. När vi stannar för länge i samma mönster riskerar vi att fastna i en platå där våra framsteg avtar. Den svåra frågan är: Hur vet vi när vi ska hålla fast vid det som fungerar och när vi behöver bryta rutinen för att öppna nya dörrar?

En tydlig indikator på att det är dags för förändring är när vi börjar känna att våra framsteg stannar upp. Kanske har vi uppnått en viss nivå av skicklighet men märker att förbättringarna blir allt mindre märkbara. Detta kan vara ett tecken på att våra nuvarande rutiner inte längre utmanar oss tillräckligt. Hur kan vi då identifiera dessa signaler i tid och agera på dem utan att riskera att tappa det vi redan byggt upp?

Att införa nya tekniker, träningsmetoder eller perspektiv kan ge nytt liv åt vår utveckling. Förändring kan vara både spännande och skrämmande, men den är ofta nödvändig för att bryta genom platåer. Frågan är hur vi bäst inför dessa förändringar utan att förlora den grund som våra rutiner gett oss. Är det möjligt att experimentera med nya metoder utan att helt överge det som tidigare fungerat?

Att veta när det är dags att bryta rutinen är en djupgående fråga som berör våra grundläggande antaganden om lärande och utveckling. Det handlar om mer än bara teknik och strategi – det handlar om vår relation till förändring och osäkerhet.

Förändring innebär att vi lämnar något bekvämt och förutsägbart bakom oss. Den kan väcka rädsla eftersom vi inte vet vad det nya kommer att föra med sig. Men utan förändring finns ingen utveckling. Hur kan vi omfamna osäkerheten som kommer med att prova nya saker? Hur kan vi övervinna den inre röst som varnar oss för att ta risker och istället se förändring som en möjlighet?

Hur hittar vi en balans mellan att hålla fast vid det som fungerar och att vara öppna för innovation? Kan vi skapa en träningsstruktur som både tilllåter fördjupning av grunderna och utforskande av nya metoder? Balansen mellan att bibehålla det trygga och samtidigt våga experimentera är avgörande för att undvika stagnation. Men hur finner vi denna balans i praktiken?

Att vara självmedveten är avgörande för att veta när det är dags att bryta rutinen. Genom att regelbundet reflektera över våra framsteg och våra mål kan vi bättre förstå när vi behöver förändra något. Men självmedvetenhet kräver också ärlighet – är vi villiga att erkänna för oss själva när vi håller fast vid något av bekvämlighet snarare än av effektivitet?

För att praktiskt tillämpa dessa filosofiska insikter kan vi överväga strategier som hjälper oss att bryta rutinen på ett sätt som leder till fortsatt utveckling. Ibland behövs inte stora förändringar för att skapa resultat. Små justeringar, som att ändra en del av träningsrutinen eller införa nya övningar, kan ha en stor påverkan över tid. Genom att successivt införa nya element kan vi gradvis bryta gamla mönster utan att förlora den stabilitet som rutinen ger.

Periodisering är ett effektivt sätt att undvika stagnation genom att variera intensiteten och fokus i träningen över tid. Genom att dela upp träningsåret i olika faser kan vi både fördjupa befintliga färdigheter och införa nya utmaningar, vilket håller träningen dynamisk och stimulerande.

Att söka feedback från tränare och medspelare är ett kraftfullt verktyg för att identifiera när det är dags att förändra något. Regelbunden feedback hjälper oss att se våra blinda fläckar och förstå när våra rutiner inte längre gynnar vår utveckling. Hur kan vi vara mer öppna för att lyssna på andras perspektiv och samtidigt behålla vår egen inre kompass?

Att göra samma saker ger samma resultat, men för att fortsätta växa måste vi ibland våga bryta rutinen och prova nya vägar. Genom att balansera stabilitet och innovation, och genom att vara medvetna om våra egna behov och framsteg, kan vi skapa en träningsstrategi som är både dynamisk och hållbar.

Fundera på: När var senaste gången jag utmanade mig själv att prova något nytt? Har jag fastnat i en bekväm rutin, eller är jag öppen för förändring? Genom att reflektera över dessa frågor och vara modig nog att agera på dem, kan du bryta igenom platåer och fortsätta utvecklas mot din fulla potential.

Plats för dina tankar: Använd denna sida för att skriva dina egna tankar, insikter eller frågor kapitlet väckt.

Mästarnas Enkelhet

Det är fascinerande att studera de bästa idrottarna i världen. Ju högre deras nivå är, desto mer märker vi en sak: de gör det svåra enkelt. Deras rörelser flyter med en nästan ansträngningslös elegans, och deras prestationer får det som i själva verket är otroligt komplext att se självklart ut. Men vad är det som ligger bakom denna skenbara enkelhet? Är det verkligen så enkelt som det verkar? Eller gömmer sig åratal av djupgående kunskap och ofattbar träning bakom varje rörelse? Detta kapitel utforskar den filosofiska frågan om vad enkelhet verkligen innebär för mästare och varför enkelhet kan vara den högsta formen av sofistikation.

Vid första anblick kan det som mästarna gör verka okomplicerat, nästan grundläggande. Deras rörelser är så raffinerade och naturliga att de kan missuppfattas som lätta att imitera. Men enkelheten är bedräglig – den är i själva verket en manifestation av en mycket avancerad och djupt rotad förståelse för sporten. Den skenbara enkelheten är resultatet av otaliga timmar av träning, där varje rörelse har slipats och justerats tills den är så effektiv som möjligt.

Varje beslut, varje rörelse är noggrant kalibrerad med en precision som bara kan uppnås genom år av erfarenhet och lärande. Mästarnas enkelhet är alltså inte ett tecken på något banalt eller enkelt, utan tvärtom ett bevis på en djup förståelse för vad som är nödvändigt och vad som kan uteslutas.

För att nå denna nivå av enkelhet har idrottarna dedikerat sina liv åt att träna och finslipa sina färdigheter. De har repeterat samma rörelser tusentals gånger och förfinat varje liten detalj för att göra den perfekt. Det som för en åskådare kan se ut som naturlig talang är ofta resultatet av hårt arbete, självdisciplin och en vilja att ständigt förbättra sig. Denna paradox – att det enklaste ofta är det mest komplexa – är en central del av mästarskapets natur.

När något ser enkelt ut, är det ofta ett tecken på att utövaren har uppnått en nivå där teknisk skicklighet och förståelse smälter samman till en naturlig helhet. Enkelhet är därför inte en brist på komplexitet utan ett tecken på att utövaren har lyckats destillera bort det onödiga och fokusera på det som verkligen betyder något.

Mästarnas enkelhet är ett uttryck för en inre kunskap som går långt bortom det ytligt tekniska. Denna kunskap är både intellektuell och intuitiv; den har formats av erfarenhet, insikt och ständiga justeringar. Det är inte längre en fråga om att medvetet tänka på varje rörelse, utan snarare att låta rörelserna flöda automatiskt genom kroppens minne.

När en idrottare når denna nivå av skicklighet, går deras prestationer in i ett tillstånd av "flow". Det är här där medveten tanke och mekanisk kontroll smälter samman, och varje rörelse sker i perfekt harmoni med omständigheterna. Detta tillstånd uppnås bara genom en långvarig och konsekvent träning, där kroppen lär sig att reagera på ett sätt som är både naturligt och exakt.

En annan aspekt av denna enkelhet är förmågan att eliminera det överflödiga. Mästare rör sig med en minimalism där varje rörelse har ett syfte och inget görs i onödan. Detta är resultatet av en djup förståelse för vad som är effektivt och vad som inte är det. Enkelhet är därför inte ett tecken på enkelhetens brist, utan på mästerskapets överlägsna insikt.

Hur kan vi, som kanske ännu inte är på denna nivå av enkelhet, dra lärdom av dessa insikter i vår egen utveckling? Här är några frågor att fundera över:

Identifiera områden där du kanske gör saker mer komplicerade än nödvändigt. Kan du sträva efter att eliminera överflödiga rörelser och istället fokusera på precision och effektivitet? Tänk på att det inte alltid handlar om att göra mer, utan snarare om att göra rätt saker på rätt sätt.

Hur kan du fördjupa din förståelse för din idrott, både tekniskt och strategiskt? Kan du investera tid i att förstå varför vissa tekniker fungerar och vad som gör dem effektiva? Kunskap är grunden för enkelhet; ju mer du förstår, desto enklare blir det att utföra.

Vad kan du göra för att skapa förutsättningar för att uppleva flow i din träning och tävling? Kan mental träning, mindfulness eller specifika fokustekniker hjälpa dig att nå detta tillstånd oftare? Genom att arbeta på ditt mentala tillstånd kan du förbättra din förmåga att agera intuitivt och utan onödig ansträngning.

När vi ser mästare utföra sina sporter med en sådan enkelhet, är det lätt att underskatta den otroliga mängd kunskap, erfarenhet och träning som ligger bakom. Denna enkelhet är inte bara en produkt av teknisk skicklighet, utan också av en djup förståelse för vad som verkligen är viktigt. Genom att sträva efter att förenkla våra egna rörelser, fördjupa vår kunskap och utveckla vår förmåga att agera i flow, kan vi ta steg mot att nå våra egna potentialer.

Reflektera över: Hur kan jag applicera denna filosofi i min egen träning och vardag? Hur kan jag göra det svåra enkelt, och det komplexa elegant? Genom att reflektera över dessa frågor och tillämpa insikterna i ditt eget liv kan du börja resan mot att bli en mästare i din egen rätt – en resa där enkelhet blir en av dina största styrkor.

Plats för dina tankar: Använd denna sida för att skriva dina egna tankar, insikter eller frågor kapitlet väckt.

Bli Din Egen Tränare

I idrottens värld är tränare ofta avgörande för att leda och vägleda oss mot våra mål. De hjälper oss att finslipa tekniker, bygga strategier och hantera press. Men vad händer när vi inser att vi inte alltid kan förlita oss på någon annan för vår utveckling? Är det möjligt att nå en punkt där vi själva blir våra främsta tränare? Och om så är fallet, vilka fördelar finns det i att ta ansvar för sin egen träning och utveckling? I detta kapitel utforskar vi vad det innebär att bli sin egen tränare, varför det är viktigt och hur det kan öppna dörrar till djupare insikter och framgång.

En fråga som är värd att ställa sig är: Hur mycket av vår framgång beror på tränaren, och hur mycket beror på oss själva? Kan det vara så att den verkliga mästaren är den som har förmågan att lära och utveckla sig själv, även utan yttre vägledning? När vi tar på oss rollen som vår egen tränare, tar vi också ansvar för varje aspekt av vår träning – både de fysiska och mentala. Men vad innebär detta ansvar egentligen? Är det en tyngd, eller en frihet?

Att bli sin egen tränare betyder inte att man avvisar all hjälp eller vägledning. Tvärtom, det handlar om att integrera den kunskap vi får från tränare, mentorer och erfarenheter, och sedan använda den för att skapa vårt eget sätt att träna och utvecklas. Men hur kan vi veta när vi är redo att ta steget och bli våra egna tränare? Och vilka risker finns det i att lämna bekvämligheten av att alltid ha någon annan som pekar ut riktningen?

En av de största fördelarna med att bli sin egen tränare är att vi tvingas utveckla en djupare självmedvetenhet. När vi inte längre har någon annan som analyserar våra prestationer åt oss, måste vi lära oss att vara ärliga mot oss själva. Hur ofta reflekterar vi över våra styrkor och svagheter? Hur bra är vi på att identifiera vad som faktiskt fungerar i vår träning och vad som behöver justeras?

Att bli sin egen tränare innebär också att vi ständigt måste ifrågasätta våra metoder och beslut. Är det sätt vi tränar på det mest effektiva för våra mål? Vågar vi göra förändringar när vi märker att något inte fungerar, eller blir vi fast i rutiner som vi känner oss bekväma med? Genom att ständigt ställa dessa frågor kan vi skapa en dynamisk träningsprocess som anpassar sig efter våra behov och utveckling.

En annan central aspekt av att vara sin egen tränare är att odla självdisciplin. När vi inte längre har någon som övervakar vår träning eller påminner oss om våra mål, är det lätt att tappa fokus. Men kan det vara så att den disciplin som vi utvecklar när vi tar fullt ansvar för vår träning, är just den som skapar verklig framgång?

Självdisciplin handlar inte bara om att hålla sig till en strikt träningsplan. Det handlar också om att veta när man ska pressa sig själv och när man ska vila. Det kräver en djup förståelse för kroppens signaler och en förmåga att lyssna på sitt eget omdöme. Men hur utvecklar man denna känslighet? Och kan självdisciplin ibland bli en fälla, där vi pressar oss själva för hårt utan att ge utrymme för återhämtning?

Frihet är kanske en av de mest attraktiva aspekterna av att vara sin egen tränare. När vi inte längre är bundna av någon annans metoder eller program, får vi möjlighet att experimentera och upptäcka vad som verkligen fungerar för oss. Men med friheten kommer också ansvaret. Hur hanterar vi denna balans? Är vi redo att ta ansvaret för våra egna framgångar och misslyckanden?

Den frihet som kommer med att vara sin egen tränare kan också leda till en djupare känsla av tillfredsställelse. När vi uppnår våra mål genom våra egna ansträngningar och beslut, blir framgången ännu mer meningsfull. Men kan det också vara en fara i att isolera sig för mycket? Hur kan vi fortsätta att lära oss och växa om vi stänger ute andras perspektiv och idéer?

Även om vi tar rollen som vår egen tränare, bör vi inte se oss själva som färdiga eller fulländade. Kanske är en av de viktigaste insikterna att inse att vi alltid är lärlingar, oavsett hur mycket vi utvecklas. Är det möjligt att vara sin egen tränare och samtidigt förbli öppen för ny kunskap och vägledning? Hur kan vi skapa en balans där vi litar på vår egen förmåga att leda oss själva, samtidigt som vi är villiga att söka och ta emot råd från andra?

Att vara en evig lärling innebär att ständigt ifrågasätta sina egna metoder, att vara öppen för förändring och att ha modet att erkänna när man har fel. Det handlar om att förstå att även om vi kan leda oss själva, finns det alltid mer att lära.

Att bli sin egen tränare är en utmanande och kraftfull väg mot självförverkligande. Det handlar om att ta ansvar, utveckla självmedvetenhet och odla självdisciplin. Men det är också en resa fylld av frågor och reflektioner: Hur balanserar vi frihet och ansvar? Hur vet vi när vi är redo att ta steget? Och hur kan vi fortsätta att utvecklas som tränare för oss själva utan att stänga ute andras visdom?

I slutändan kanske den viktigaste frågan att ställa sig är: Vad innebär det att verkligen vara sin egen tränare? Är det att ha kontroll över varje aspekt av sin utveckling, eller är det att förstå att lärande är en livslång process där vi själva spelar huvudrollen, men där vi också är öppna för att ta emot lärdomar från omgivningen? Svaret ligger inte nödvändigtvis i en metod eller ett program, utan i den djupare förståelsen för vår egen resa och vad som krävs för att nå våra högsta potentialer.

Plats för dina tankar: Använd denna sida för att skriva dina egna tankar, insikter eller frågor kapitlet väckt.

Vilken Nivå Ska Jag Träna För?

I idrottens värld är utveckling en resa genom olika nivåer, från nybörjare till elit. Varje nivå har sina egna krav, både i termer av teknisk skicklighet, taktisk förståelse och mentala färdigheter. Men när man har siktet inställt på det högsta målet – den nivå där de bästa spelar – uppstår en fundamental fråga: Ska man träna för den nivå man befinner sig på nu, eller ska man redan nu anpassa sig till den spelstil och de krav som gäller på den högsta nivån? Denna paradoxala fråga är central för alla som strävar efter att nå sin fulla potential. Låt oss utforska denna fråga djupare och reflektera över hur vi kan hantera denna komplexa balans mellan nuet och framtiden.

Varje nivå i idrotten kräver en specifik kombination av färdigheter och kunskaper. På de lägre nivåerna handlar det ofta om att bygga en solid teknisk grund, förstå grundläggande taktik och utveckla fysisk kapacitet. Men när man stiger i nivå, förändras spelet. Det blir mer komplext, mer nyanserat och kräver en djupare förståelse av strategi och en förmåga att läsa spelet på en högre nivå.

Men här ligger en utmaning: Om du tränar för att dominera på din nuvarande nivå, riskerar du att utveckla vanor och strategier som fungerar här men som blir ineffektiva på en högre nivå. Samtidigt, om du direkt anpassar din träning till den nivå du drömmer om att nå, kan du bli överväldigad eller förlora konkurrenskraften på din nuvarande nivå. Hur navigerar man detta dilemma?

Här ställs vi inför en filosofisk och praktisk paradox. Ska du fokusera på att bemästra din nuvarande nivå med de strategier och färdigheter som krävs där, eller ska du börja träna för framtiden, även om det kan innebära att du kanske inte presterar optimalt just nu? Detta är en fråga som varje ambitiös idrottare måste konfrontera på sin resa.

Att träna för den nivå du är på nu har sina fördelar. Det gör att du kan dominera och vinna inom din nuvarande miljö, vilket kan bygga självförtroende och ge dig den erfarenhet du behöver för att avancera. Men det finns också risker. Om du blir för fokuserad på vad som fungerar här och nu, kan du fastna i ett spelmönster som inte är hållbart på högre nivåer. Du kanske lär dig att utnyttja svagheter hos dina nuvarande motståndare, men dessa strategier kan visa sig vara ineffektiva när du möter starkare och mer taktiskt skickliga spelare.

Å andra sidan kan det vara lockande att redan nu börja träna för den nivå du vill nå. Detta innebär att du bygger de färdigheter, vanor och strategiska tänkande som krävs för att konkurrera med de bästa. Genom att fokusera på långsiktig utveckling, kan du säkerställa att du är redo när du når den högre nivån. Men detta kan också innebära att du blir mindre effektiv på den nivå du befinner dig på nu. Du kanske inte uppnår de resultat du vill ha om din träning är inriktad på något som ligger långt fram i tiden.

Kanske ligger svaret inte i att strikt välja det ena eller det andra, utan i att hitta en dynamisk balans mellan att träna för nuet och för framtiden. Detta kräver en flexibel strategi där du både fokuserar på att prestera bra på din nuvarande nivå och förbereder dig för de krav som kommer längre fram. Det handlar om att identifiera vilka färdigheter som är universella och som kan byggas över tid, och vilka specifika taktiker eller tekniker som du kan anpassa för att förbli konkurrenskraftig just nu.

Frågan du behöver ställa dig är: Vilka aspekter av mitt spel är mest avgörande för att vinna nu, och vilka behöver utvecklas för att klara av de utmaningar som kommer på högre nivåer? Kan du arbeta med båda dessa områden samtidigt, eller riskerar du att splittra din fokus och inte utvecklas fullt ut på något av dem?

När vi reflekterar över denna paradox är det viktigt att påminna oss om att idrott är en resa, inte en destination. Om du ständigt är fokuserad på den framtida nivån, kan du missa värdefulla lärdomar och erfarenheter som bara kan komma från att vara närvarande och ge allt på den nivå du befinner dig på. Samtidigt är det klokt att inte fastna i nuet – att alltid ha en blick mot horisonten, mot de krav och utmaningar som väntar när du når högre.

Hur kan du hålla denna balans? Kanske handlar det om att vara medveten om din långsiktiga vision men att agera med full intensitet i nuet. Det innebär att både träna för att bli den bästa versionen av dig själv idag, samtidigt som du bygger de färdigheter som behövs för att lyckas på nästa nivå. Kan du se på din utveckling som en kontinuerlig process där varje steg – oavsett om det är i nuet eller för framtiden – är en del av helheten?

Denna fråga om att träna för nuet eller för framtiden är inte lätt att besvara, och det finns ingen enkel lösning. Men genom att reflektera över dina egna mål, din nuvarande nivå och de krav som kommer på högre nivåer, kan du hitta en väg som fungerar för dig.

Ta en stund att fundera på: Vad behöver jag förbättra just nu för att lyckas, och vad behöver jag förbereda mig på för att ta nästa steg? Kan jag integrera dessa olika behov i min träning, eller behöver jag göra medvetna val om vart jag lägger mitt fokus? Genom att fundera över dessa frågor och hitta din egen balans, kan du navigera den komplexa resan från där du är idag till där du vill vara imorgon.

Plats för dina tankar: Använd denna sida för att skriva dina egna tankar, insikter eller frågor kapitlet väckt.

Balansen mellan Hård Träning och Överträning

Att träna hårt är en självklarhet för att nå framgång inom idrott. "No pain, no gain" är en mantra som många idrottare lever efter. Men det finns en mycket tunn linje mellan att pressa sig till förbättring och att driva sig själv in i överträning. Var går gränsen? Hur kan vi veta när vi tränar tillräckligt för att utvecklas, men inte så mycket att vi riskerar att bryta ner både kropp och sinne? Denna fråga är mer än bara en praktisk utmaning – den leder oss in i en filosofisk reflektion över den delikata balansen mellan hårt arbete och återhämtning.

Hårt arbete och dedikation är grundläggande komponenter för att nå framgång inom vilken idrott som helst. Att pressa sig till sina yttersta gränser är ofta vad som driver utvecklingen och hjälper oss att nå nya nivåer av skicklighet och styrka.

Inom träningsfysiologin är principen om överbelastning central. För att bli starkare, snabbare eller mer uthållig måste vi kontinuerligt utsätta våra kroppar för högre belastning än vad de är vana vid. Detta tvingar kroppen att anpassa sig och växa sig starkare. Men hur vet vi när vi når gränsen för vad kroppen klarar av att återhämta sig från? Är det möjligt att vi i vår strävan efter att bli bättre ibland blundar för varningstecken som kroppen sänder oss?

Förutom de fysiska fördelarna utvecklar hårt arbete också mental styrka. Genom att uthärda smärta och trötthet under träningen, bygger vi upp en mental uthållighet som hjälper oss att hantera press, motgångar och utmaningar i tävlingssituationer. Men här väcks en viktig fråga: Kan vi bli så fokuserade på att bygga denna mentala styrka att vi ignorerar kroppens behov av vila? När övergår den disciplin som driver oss framåt till envishet som leder oss mot skador och utbrändhet?

Medan hårt arbete är nödvändigt, kan överträning få allvarliga konsekvenser. Överträning inträffar när vi inte ger våra kroppar tillräcklig tid för återhämtning, vilket resulterar i utmattning, skador och minskad prestation. Att hitta den rätta balansen mellan träning och återhämtning är avgörande för långsiktig framgång och hälsa. Den stora fråga här är, har du tid att vila?

Överträning kan leda till en rad fysiska problem, inklusive kronisk trötthet, muskelskador, ledproblem och minskad immunförsvar. Kroppen behöver tid för att reparera och bygga upp sig efter intensiv träning. Men hur ofta ignorerar vi dessa signaler i tron att "mer alltid är bättre"? Är vi så fokuserade på att nå våra mål att vi inte tillåter oss själva den vila vi faktiskt behöver för att nå dem?

Förutom de fysiska konsekvenserna, kan överträning påverka vår mentala och emotionella hälsa. Känslor av utbrändhet, minskad motivation och till och med depression är vanliga symptom på överträning. Vad säger det om vår syn på framgång och prestation när vi pressar oss till den punkt där idrotten, som en gång gav oss glädje, istället blir en källa till stress och ångest? Balansen mellan hårt arbete och återhämtning är inte bara en praktisk fråga – den är en spegling av hur vi ser på framgång, prestation och vårt förhållande till oss själva.

Aristoteles talade om måttlighet som en dygd – att hitta den gyllene medelvägen mellan två ytterligheter. Kan denna filosofi tillämpas på vår träning? Hur kan vi förstå vad som är "lagom" när vi ständigt uppmanas att ge vårt yttersta? Är det möjligt att vår strävan efter att alltid göra mer ibland leder oss bort från den verkliga vägen till framgång?

Kroppen är en mästare på att kommunicera sina behov, men det är inte alltid vi lyssnar. Vi pressar oss genom smärta, ignorerar trötthet och förväxlar uthållighet med envishet. Hur kan vi bli bättre på att höra kroppens subtila signaler och respektera dess behov av vila? Kan vi lita på att kroppen, om vi lyssnar på den, kan vägleda oss mot en mer hållbar framgång?

Vad är egentligen vårt slutmål med träningen? Är det att vinna varje tävling eller att bygga en långsiktig karriär där vi kan fortsätta prestera på hög nivå under många år? Genom att klargöra vad vi verkligen vill uppnå, kan vi hitta en balans mellan att pressa oss själva tillräckligt för att utvecklas och att undvika de fällor som överträning innebär.

För att omsätta dessa filosofiska insikter i praktiken, kan vi överväga några strategier för att balansera hårt arbete och återhämtning. Periodisering innebär att variera intensiteten och volymen av träningen över tid. Genom att planera in perioder av lägre intensitet och aktiv återhämtning, ger vi kroppen tid att återhämta sig och förhindra överträning. Återhämtning är inte bara något vi bör göra efter en skada – det är en nödvändig del av varje träningsprogram. Att schemalägga vilodagar, inkludera lätta träningspass och ge sig själv tillräcklig sömn är avgörande för att upprätthålla hälsa och prestation.

Att utveckla en känslighet för kroppens signaler är en konst som kan förhindra många problem. Om du känner dig ovanligt trött, har ont eller märker att dina prestationer dalar, kan det vara kroppens sätt att säga att det är dags att sakta ner. Vågar vi lita på dessa signaler och ge oss själva den vila vi behöver?

Att balansera hårt arbete med återhämtning handlar inte bara om den fysiska kroppen – även sinnet behöver vila. Tekniker som meditation, yoga och mindfulness kan hjälpa oss att slappna av och återhämta oss mentalt, vilket i sin tur kan förbättra våra prestationer.

Hård träning är nödvändigt för att nå framgång inom idrott, men lika viktigt är att undvika överträning för att bibehålla långsiktig hälsa och prestation. Genom att reflektera över balansen mellan hårt arbete och återhämtning, och genom att tillämpa strategier som hjälper oss att hålla denna balans, kan vi skapa en hållbar och framgångsrik träningsrutin.

Reflektera över: Hur balanserar du hårt arbete och återhämtning i din egen träning? Hur kan du bli bättre på att lyssna på din kropp och anpassa din träning för att undvika överträning? Genom att reflektera över dessa frågor och implementera insikterna i din träning, kan du maximera din utveckling och nå dina mål på ett hållbart och hälsosamt sätt.

Plats för dina tankar: Använd denna sida för att skriva dina egna tankar, insikter eller frågor kapitlet väckt.

Att Välja Rätt Coach

Inom idrott, som i många andra områden i livet, kan valet av coach vara avgörande för framgång. En coach kan vara den som tar dig till nästa nivå, hjälper dig övervinna hinder och utvecklar din potential på djupet. Men vad händer när du möter en coach vars språk och tankesätt känns avlägset eller svårt att förstå? En coach som kanske befinner sig på en mycket högre nivå och uttrycker sig på ett sätt som du ännu inte kan greppa? Denna situation ställer oss inför en intressant och viktig fråga: Hur hittar vi en coach som inte bara har den tekniska expertisen, utan också kan kommunicera på ett sätt som resonerar med oss och inspirerar till utveckling?

Kommunikation är hjärtat i varje effektiv träningsrelation. Språket som en coach använder är inte bara ett verktyg för att förmedla tekniska detaljer utan också ett sätt att inspirera, motivera och ge riktning. Men vad händer om språket inte når fram? Om en coach talar med en sådan djup förståelse och avancerad terminologi att du inte hänger med? Denna klyfta kan hindra den utveckling du strävar efter och skapa frustration.

När en coach uttrycker sig på en nivå som känns för avancerad, kan instruktionerna bli förvirrande och oklara. Det kan leda till att du missar nyanserna i tekniken eller inte förstår strategiska insikter. För att lyckas i en sådan miljö krävs en vilja att ställa frågor och be om förtydliganden. Men om kommunikationen ständigt är en kamp, kan det undergräva ditt självförtroende och skapa en känsla av distans mellan dig och coachen.

Ibland är det inte bara teknisk jargong som skapar barriärer, utan också kulturella och erfarenhetsmässiga skillnader. En coach som kommer från en annan idrottsfilosofi eller bakgrund kan ha en helt annan syn på träning och utveckling. Även om dessa skillnader kan vara en källa till rikedom och nya perspektiv, kan de också skapa en känsla av alienation om du inte känner att ni är på samma våglängd.

Att välja rätt coach handlar om mer än att bara hitta någon som är tekniskt skicklig. Det handlar om att hitta någon som kan anpassa sitt språk och sitt förhållningssätt till din förståelsenivå, och som samtidigt kan inspirera och utmana dig att växa.

En bra coach har förmågan att anpassa sina förklaringar och instruktioner till den nivå där du befinner dig. De kan bryta ner komplexa koncept till enkla, tydliga steg och gradvis bygga upp din förståelse. Men samtidigt ska de inte underskatta din kapacitet att utvecklas; de behöver även utmana dig att tänja dina gränser.

Utöver teknisk träning bör en coach också fungera som en mentor – någon som kan stödja dig genom idrottens mentala och emotionella utmaningar. En coach som verkligen förstår dina mål, rädslor och drivkrafter kan skapa en träningsmiljö som inte bara är produktiv utan också meningsfull. Denna kombination av teknisk skicklighet och emotionellt stöd är ofta nyckeln till att bygga ett starkt och varaktigt partnerskap.

Om du upplever att kommunikationen med din coach inte fungerar som den borde, är det viktigt att stanna upp och reflektera över dina egna behov och mål. Det kan också vara en möjlighet att utvecklas och anpassa dig. Här är några frågor att överväga:

Vad Behöver Jag från en Coach? Vilka specifika färdigheter eller insikter söker du? Behöver du en coach som kan hjälpa dig att bemästra grunderna, eller någon som kan ta dig till nästa nivå genom mer avancerad taktik och strategi? Att tydligt definiera dina behov hjälper dig att identifiera rätt coach för just dig.

Är Jag Villig att Lära och Anpassa Mig? Kan du se kommunikationsutmaningen som en möjlighet att utveckla dig själv? Är du redo att lägga ner det extra arbetet för att förstå vad din coach försöker förmedla, även om det kräver att du går utanför din komfortzon?

Hur Kan Jag Förbättra Vår Kommunikation? Finns det sätt att förbättra kommunikationen med din nuvarande coach? Kanske kan du vara mer aktiv i att ställa frågor eller be om konkreta exempel. Det handlar inte alltid om att hitta en ny coach, utan kanske om att förbättra dialogen med den coach du redan har.

Att välja rätt coach kräver både självinsikt och en strategisk approach. Här är några steg att tänka på:

Ta dig tid att undersöka olika coacher och deras metoder. Prata med andra idrottare, läs recensioner och försök att få en känsla för hur deras träningsstil fungerar. Genom att observera coachens interaktion med andra idrottare kan du få insikt i deras kommunikationsstil och om den passar dina behov.

Många coacher erbjuder prova-på-sessioner där du kan få en försmak av deras träningsmetoder. Använd dessa sessioner för att känna efter om ni kommunicerar på ett sätt som fungerar för dig. Fundera över om du känner dig förstådd och samtidigt utmanad.

När du väljer en coach, var öppen och tydlig med dina förväntningar. Diskutera eventuella utmaningar med kommunikationen och se om coachen är villig att anpassa sitt tillvägagångssätt för att möta dina behov. En coach som är flexibel och lyhörd kommer att vara mer benägen att hjälpa dig växa.

Att välja rätt coach är en av de mest avgörande besluten du kan ta för din utveckling inom idrott. Men det handlar inte bara om att hitta någon med teknisk kunskap; det handlar om att hitta någon som kan tala ditt språk och möta dig på din nivå, samtidigt som de driver dig mot nya höjder. Den rätta coachen är inte bara en instruktör, utan också en mentor som inspirerar dig att bli ditt bästa jag.

Ta en stund att tänka på: Vad letar jag efter i en coach? Hur kan jag hitta någon som både förstår mina behov och utmanar mig att växa? Genom att reflektera över dessa frågor och aktivt söka en coach som passar din personlighet och ambitionsnivå, kan du lägga grunden för en träningsrelation som tar dig längre än du någonsin trodde var möjligt.

Plats för dina tankar: Använd denna sida för att skriva dina egna tankar, insikter eller frågor kapitlet väckt.

Individens Roll i Lagets Framgång

Lagidrott kännetecknas av samarbete, gemenskap och en gemensam strävan mot ett gemensamt mål. Men mitt i denna kollektiva dynamik finns det en paradoxal verklighet: även om det är ett lag, så är det fortfarande du som individ som måste prestera och utvecklas. Ditt personliga ansvar att växa och bidra påverkar inte bara din egen utveckling, utan också lagets framgång. Denna balans mellan individuellt ansvar och kollektivt arbete väcker djupa filosofiska frågor om identitet, ansvar och hur vi förhåller oss till andra. Hur kan du utvecklas som individ och samtidigt bli en bättre lagspelare? Och var går gränsen mellan att fokusera på din egen prestation och att sätta laget främst?

Att spela i ett lag innebär att du är en del av något större än dig själv, men det befriar dig inte från ansvaret att utvecklas och prestera på toppnivå. Lagets prestation bygger på summan av de individuella insatserna, och utan starka individer kan laget aldrig nå sin fulla potential.

Din personliga utveckling är avgörande för både din egen framgång och lagets. Om du inte tar ansvar för att ständigt förbättra dig själv, blir du en svag länk i kedjan. Men denna utveckling handlar inte bara om tekniska färdigheter, utan också om mentala och sociala aspekter. Hur kan du stärka dina egna förmågor på ett sätt som också stärker laget?

Att vara en del av ett lag betyder att du måste kunna underordna dina egna intressen för lagets bästa. Men detta innebär inte att du ska sluta sträva efter att förbättra dig själv. Tvärtom, det är genom att utvecklas som individ som du kan bidra mer till laget. Här uppstår en filosofisk fråga: Hur balanserar du strävan efter att bli den bästa versionen av dig själv med att samtidigt sätta lagets behov i främsta rummet?

I varje lag finns en komplex dynamik där individer med olika styrkor, personligheter och roller måste samarbeta för att nå framgång. Men denna dynamik bygger på att varje individ tar ansvar för sitt eget bidrag, både på och utanför planen.

Även om du är en del av ett lag, är du ytterst ansvarig för din egen prestation. Ingen annan kan göra jobbet åt dig. Om du inte ger ditt bästa, påverkar det inte bara dig själv utan hela laget. Detta ansvar sträcker sig också bortom träning och tävling – det handlar om hur du förbereder dig mentalt, hur du hanterar motgångar och hur du väljer att reagera i avgörande ögonblick. Hur påverkar dina individuella val lagets framgång, och vilken roll spelar din personliga disciplin i det större sammanhanget?

Ett effektivt lag är mer än summan av sina delar, men detta gäller endast om varje del fungerar optimalt. För att ett lag ska fungera krävs det att varje individ är självgående, ansvarstagande och engagerad. Samtidigt måste du kunna samarbeta och anpassa dig efter lagets behov. Är det möjligt att samtidigt vara en stark, självständig individ och en osjälvisk lagspelare? Och om det är möjligt, hur finner vi den balansen?

För att verkligen förstå hur du kan bli både en stark individ och en värdefull lagspelare, måste vi dyka djupare in i frågor om identitet, ansvar och hur vi definierar framgång.

Är din identitet som idrottare främst definierad av vad du själv åstadkommer, eller av hur du bidrar till laget? Är det möjligt att samtidigt vara en individ med egna mål och ambitioner, och en del av ett kollektiv där lagets framgång går före dina egna intressen? Detta leder oss till den klassiska filosofiska frågan: Vad är viktigast – individens frihet eller kollektivets bästa? Och hur kan vi skapa en harmoni mellan dessa två till synes motstridiga principer?

I en lagidrott kan det ofta uppstå situationer där du måste göra personliga uppoffringar för lagets skull. Men om du ständigt offrar dina egna ambitioner, riskerar du att förlora motivation och glädje för det du gör. Å andra sidan, om du bara fokuserar på din egen framgång, kan det skada lagets dynamik och sammanhållning. Hur hittar du balansen mellan att förverkliga dina egna drömmar och samtidigt bidra till lagets framgång?

En sann lagspelare är någon som inte bara gör sitt bästa för laget, utan också ser sin egen utveckling som en del av lagets resa. Det handlar inte om att släppa sitt ego, utan om att låta det formas av ett större syfte. Kan vi nå en punkt där vårt ego och vårt lagarbete inte längre är i konflikt, utan istället samverkar mot ett gemensamt mål? Och hur kan vi, som individer, utvecklas till att bli sådana spelare?

För att navigera denna komplexa balans mellan individ och lag, kan du överväga följande strategier: Ta regelbunden tid för att utvärdera din egen prestation och ditt bidrag till laget. Fundera över hur du kan förbättra dig själv på ett sätt som också stärker laget. Vad kan du göra bättre som individ för att lyfta kollektivet?

En nyckel till att vara både en stark individ och en värdefull lagspelare är att kommunicera öppet och lyssna aktivt. Genom att förstå dina lagkamraters behov och dela dina egna insikter kan ni tillsammans skapa en miljö där både individ och lag kan blomstra. För att undvika att fastna i antingen personligt eller kollektivt fokus, kan det vara bra att lägga större vikt vid processen snarare än enbart på resultaten. Hur du tränar, hur du förhåller dig till dina lagkamrater och hur du hanterar motgångar är lika viktigt som slutresultatet.

Att vara en del av ett lag samtidigt som du strävar efter att utvecklas som individ är en balansakt som kräver både reflektion och medvetna val.

Genom att förstå och acceptera ditt personliga ansvar, och samtidigt värna om lagets mål, kan du bli en starkare spelare och en bättre lagkamrat. Den verkliga utmaningen ligger i att hitta harmoni mellan dessa till synes motsatta krafter.

Fråga dig själv: Hur kan jag bli både en bättre individ och en bättre lagspelare? Hur kan min personliga utveckling stärka laget, och hur kan lagets framgång inspirera mig att växa? Genom att reflektera över dessa frågor kan du hitta en väg framåt där både du och ditt lag når nya höjder tillsammans.

Plats för dina tankar: Använd denna sida för att skriva dina egna tankar, insikter eller frågor kapitlet väckt.

När Karriären Tar Slut – En Ny Resa Börjar

Vi har nått slutet av denna bok, men resan för dig som idrottare fortsätter – även om den en dag kommer att ta en ny riktning. En dag kommer du att behöva ställa dig själv några av de svåraste frågorna i din karriär: När är det dags att avsluta? Hur ska du klara dig utan den spänning och kamp som tävlingar ger? Hur hanterar man att gå från att vara expert inom sin sport till att plötsligt vara en nybörjare i något annat? Detta kapitel är tillägnat dessa frågor – de som ofta är svårast att besvara men som är avgörande för den personliga utvecklingen bortom idrotten.

Det finns ingen exakt tidpunkt som är rätt för alla, men det finns tecken som kan tyda på att det är dags att överväga ett avslut. Kanske börjar kroppen säga ifrån; skador som tar längre tid att läka eller den där gnistan som inte riktigt brinner som förr. Men hur ska man veta när det verkligen är dags? Är det när du inte längre presterar på topp, eller när glädjen av att tävla inte känns lika stark? Och vad händer om du fortfarande älskar sporten men känner att du inte längre kan leverera på den nivå du en gång gjorde?

Dessa frågor är tunga att bära. Att lämna en sport som har varit en central del av ditt liv innebär att lämna en identitet bakom sig. Hur ska du kunna släppa taget om något som har format dig som person? Svaret kanske ligger i att inse att även om din karriär inom sporten når sitt slut, bär du med dig alla lärdomar, värderingar och erfarenheter vidare. Slutet på en karriär är inte slutet på dig som person.

Efter år av fokus, målmedvetenhet och tävling, kommer den naturliga frågan: Vad ska jag göra nu? Den övergången kan vara både skrämmande och tom. För många idrottare är det inte själva slutet på karriären som är svårast, utan den plötsliga bristen på den struktur, de rutiner och den mening som sporten gett. Tävlingarna gav en ständig kick, en känsla av syfte och riktning. Hur ska du ersätta den känslan? Och vad gör du med all den drivkraft som en gång riktades mot att vinna och prestera?

Denna övergång är en av de största utmaningarna för idrottare. Många känner sig vilsna när de plötsligt måste börja om på en ny väg där de inte längre är experter. Att gå från att vara en mästare på sitt område till att bli nybörjare igen kan kännas förödmjukande och demoraliserande. Men det är också en chans att återupptäcka vad som verkligen motiverar dig, att finna nya passioner och att växa som person på sätt som du kanske aldrig kunnat föreställa dig tidigare.

Tävlingens hetta, kampen mot en motståndare, adrenalinet när du ger allt – hur kan något någonsin ersätta den känslan? Det är en fråga som många brottas med. Efter att ha levt för den där spänningen, hur ska du kunna känna samma intensitet och mening i något annat? Svaret ligger kanske i att förstå att idrotten inte är den enda källan till passion och mening i livet. Även om inget kan replikera exakt vad sporten gav dig, finns det andra utmaningar och äventyr som kan ge liknande tillfredsställelse.

Kanske handlar det om att hitta nya sätt att tävla, kanske i ett annat område som kräver samma typ av fokus och dedikation. Eller så kan det handla om att omdefiniera vad spänning betyder för dig – att finna glädje i att utveckla nya färdigheter, oavsett om det är i karriären, i ett kreativt projekt, eller i personlig utveckling. Vad är spänning för dig bortom arenan, och hur kan du skapa en ny plats där den kan leva vidare?

En annan utmaning är att acceptera att du kanske måste börja om från grunden. I idrotten har du byggt upp din skicklighet, din erfarenhet och ditt självförtroende under många år. Men nu står du inför en ny verklighet där du kanske inte längre är bäst, där du måste lära dig allt från början. Det kan vara svårt att omfamna rollen som nybörjare, särskilt när du har varit så van vid att dominera och prestera på topp.

Men kanske är detta också en av de mest värdefulla lärdomarna du kan ta med dig. Att börja om innebär också att du har chansen att utforska något nytt med den samma beslutsamhet och fokus som tog dig till toppen inom din idrott. Kanske har idrotten lärt dig att resiliens inte handlar om att alltid vinna, utan om att kunna fortsätta utvecklas och växa, oavsett vilken väg du tar.

I slutändan, vad är det vi verkligen tar med oss från vår tid som idrottare? Det är inte bara medaljer, troféer eller rekordsiffror. Det är de djupare värdena: disciplin, mental styrka, förmågan att hantera motgångar och press, och att förstå vikten av både individuellt ansvar och samarbete. Dessa värden är tillgångar som du bär med dig in i nästa kapitel, oavsett vad du väljer att göra. Sporten har format dig, men den definierar inte hela dig. Det är upp till dig att använda dessa färdigheter och erfarenheter för att skapa något nytt och meningsfullt.

För många idrottare är rädslan för att sluta inte bara förankrad i att lämna sporten, utan i vad som väntar – eller inte väntar – på andra sidan. Om sporten har varit allt, vad finns kvar? Det är därför det är så viktigt att redan nu börja tänka på vad som ger dig mening utanför idrotten. Genom att utveckla andra intressen, färdigheter och relationer kan du förbereda dig för en framtid där du inte är beroende av enbart din idrottsidentitet för att känna dig hel. Den övergången är inte lätt, men med rätt förberedelse kan den bli en möjlighet till ny tillväxt och nya framgångar på ett helt annat område.

Att avsluta en idrottskarriär är en resa i sig – fylld av känslor, minnen och många frågor. Men det är också en början på något nytt. En chans att bygga vidare på den person du har blivit genom sporten och utforska nya vägar där din passion och drivkraft kan blomstra i andra former. När tiden kommer att lämna din sport, kom ihåg att det inte är slutet på din historia – bara ett nytt kapitel. Sporten har gett dig mer än bara färdigheter; den har gett dig livslånga insikter och styrkor som nu kan användas för att skapa ett nytt och meningsfullt liv.

Plats för dina tankar: Använd denna sida för att skriva dina egna tankar, insikter eller frågor kapitlet väckt.

Ett Stor Tack och Lycka Till

Innan vi avslutar denna bok vill jag rikta ett varmt och innerligt tack till dig, kära läsare. Genom att ta dig tid att läsa och reflektera över dessa kapitel har du visat ett engagemang för både din egen utveckling och en vilja att utforska de djupare frågorna inom idrotten och livet. Resan att förbättra sig själv, oavsett om det gäller idrott, karriär eller personliga ambitioner, är en resa fylld av utmaningar, insikter och växande.

Denna bok har handlat om mycket mer än bara prestationer på tävlingsbanan. Den har varit en inbjudan att tänka, känna och ifrågasätta. Genom att dyka in i filosofiska frågor om motivation, självförtroende, press och utveckling har vi försökt utforska de osynliga krafter som driver oss framåt. Vi har reflekterat över allt från vikten av att vara sin egen tränare till att våga göra saker annorlunda, från att möta sina idoler till att hantera påtvingade vägar. Varje kapitel har ställt frågor snarare än att ge enkla svar, eftersom resan mot personlig och idrottslig utveckling sällan handlar om enkla lösningar. Den handlar snarare om att utforska, lära och anpassa sig längs vägen.

Din resa är unik. Det som fungerar för dig kanske inte fungerar för någon annan, och de insikter du fått genom att läsa den här boken är bara början. Idrottens värld, liksom livet i stort, är en ständigt föränderlig arena där varje erfarenhet – varje seger, varje nederlag – är en lärdom som för dig närmare dina mål. Låt denna bok vara ett redskap i din verktygslåda, en plats att återkomma till när du behöver reflektera över de djupare aspekterna av din resa.

Så, vad är nästa steg för dig? Vad tar du med dig från denna bok och hur kommer du att tillämpa det i din träning, i dina mål och i ditt liv? Frågorna är många och svaren kommer inte alltid omedelbart. Men det är i den ständiga utforskningen, i viljan att fortsätta ställa frågor och hitta nya perspektiv, som du kommer att fortsätta växa och utvecklas.

Avslutningsvis vill jag önska dig all lycka på din resa. Oavsett vilka mål du siktar mot, kom ihåg att det är du som är ansvarig för din egen utveckling. Du har kraften att förändra, att förbättra och att nå dina drömmar. Använd dina insikter klokt, fortsätt ställa frågor, och framför allt – ge aldrig upp den vision du har för dig själv.

Tack för att du har delat denna resa med mig. Må din väg framåt vara fylld av lärdomar, framgångar och stunder av insikt. Lycka till!